Las Guerras Napoleónicas

Una guía apasionante del conflicto mundial, las tácticas revolucionarias y la expansión del Imperio

© Copyright 2025

Todos los derechos reservados. Ninguna parte de este libro puede ser reproducida de ninguna forma sin el permiso escrito del autor. Los revisores pueden citar breves pasajes en las reseñas.

Descargo de responsabilidad: Ninguna parte de esta publicación puede ser reproducida o transmitida de ninguna forma o por ningún medio, mecánico o electrónico, incluyendo fotocopias o grabaciones, o por ningún sistema de almacenamiento y recuperación de información, o transmitida por correo electrónico sin permiso escrito del editor.

Si bien se ha hecho todo lo posible por verificar la información proporcionada en esta publicación, ni el autor ni el editor asumen responsabilidad alguna por los errores, omisiones o interpretaciones contrarias al tema aquí tratado.

Este libro es solo para fines de entretenimiento. Las opiniones expresadas son únicamente las del autor y no deben tomarse como instrucciones u órdenes de expertos. El lector es responsable de sus propias acciones.

La adhesión a todas las leyes y regulaciones aplicables, incluyendo las leyes internacionales, federales, estatales y locales que rigen la concesión de licencias profesionales, las prácticas comerciales, la publicidad y todos los demás aspectos de la realización de negocios en los EE. UU., Canadá, Reino Unido o cualquier otra jurisdicción es responsabilidad exclusiva del comprador o del lector.

Ni el autor ni el editor asumen responsabilidad alguna en nombre del comprador o lector de estos materiales. Cualquier desaire percibido de cualquier individuo u organización es puramente involuntario.

Tabla de Contenidos

INTRODUCCIÓN 1
CAPÍTULO 1: EL ASCENSO DE NAPOLEÓN 3
CAPÍTULO 2: LA REFORMA DE FRANCIA 14
CAPÍTULO 3: TÁCTICAS Y GUERRA EN EL CAMPO DE BATALLA REVOLUCIONARIO 23
CAPÍTULO 4: COMIENZAN LAS GUERRAS CONTINENTALES DE NAPOLEÓN 34
CAPÍTULO 5: LA BATALLA DE TRAFALGAR: LA DERROTA DE NAPOLEÓN EN EL MAR 45
CAPÍTULO 6: EL CENIT DE NAPOLEÓN 55
CAPÍTULO 7: LA GUERRA PENINSULAR: LA LUCHA DE NAPOLEÓN EN ESPAÑA Y PORTUGAL 65
CAPÍTULO 8: LA CULTURA DE LA ÉPOCA 76
CAPÍTULO 9: LA INVASIÓN DE RUSIA: LA CATASTRÓFICA CAMPAÑA DE NAPOLEÓN 86
CAPÍTULO 10: LA GUERRA DE LA SEXTA COALICIÓN Y LA ABDICACIÓN 98
CAPÍTULO 11: LOS CIEN DÍAS Y WATERLOO: LA ÚLTIMA BATALLA DE NAPOLEÓN 109
CONCLUSIÓN 120
VEA MÁS LIBROS ESCRITOS POR ENTHRALLING HISTORY 122
REFERENCIAS 123
FUENTES DE IMAGENES 131

Introducción

Las guerras Napoleónicas fueron un momento importante de la historia europea y de la civilización occidental. Constituyen una parte importante de la saga de un genio militar llamado Napoleón Bonaparte. Napoleón figura entre los grandes maestros de la ciencia militar y sus tácticas aún se estudian en instituciones militares y universidades de todo el mundo. Sin embargo, fue algo más que un genio militar. Napoleón fue también un legislador y un defensor de ideas que transformarían la civilización occidental. El Código Napoleónico sigue siendo uno de los principales textos legales de la historia, situándose junto al Código de Justiniano como un poderoso instrumento de cambio social. Sin embargo, lo que más recordamos de Napoleón no son sus innovaciones jurídicas, sino sus guerras.

Los primeros años del siglo XIX en Europa pueden describirse mejor como la temporada de campaña para el ejército francés. Napoleón estaba constantemente en guerra con otras potencias de Europa. Su asombrosa comprensión de la ciencia militar le permitió superar una y otra vez a ejércitos mucho mayores que el suyo. El emperador francés podía innovar y adaptarse rápidamente. Reconocía la necesidad de combinar la sorpresa con la rapidez y la acción decisiva para superar a sus oponentes. Napoleón construyó una formidable maquinaria militar que infundía miedo a sus enemigos y al mismo tiempo se ganaba su respeto. La *Grande Armée* fue su creación y la fuerza motriz de sus extraordinarios logros militares.

Napoleón fue un campeón en el campo de batalla, pero también tuvo éxito en la mesa de negociaciones. Fue capaz de forjar alianzas y llegar a acuerdos con otros. Napoleón también tenía una capacidad única de manipular la política continental para tener éxito.

Napoleón Bonaparte creía que el destino y la suerte eran sus compañeros constantes. Sin embargo, no siempre fue así. Las guerras Peninsulares y la campaña rusa de 1812 demostraron que este hombre era mortal y no siempre tomaba las mejores decisiones. Además, sus enemigos aprendieron de sus derrotas. Esto se hizo evidente en la batalla de Leipzig (también conocida como la batalla de las Naciones), donde el Pequeño Cabo ya no era el amo de la lucha. Al final perdería todo lo que había ganado, pero el camino que trazó hasta el combate final de Waterloo sigue considerándose brillante.

Las guerras napoleónicas son una historia asombrosa del ascenso y la caída de un hombre. El análisis de estos años nos muestra dónde tomó decisiones brillantes, cómo llegó a ellas y qué le hizo cometer errores que finalmente resultaron desastrosos.

Las guerras no fueron espontáneas, sino el resultado de lo que ocurrió en Francia a finales del siglo XVIII. Las guerras Napoleónicas siguieron a once años de conflictos que enfrentaron a la Francia revolucionaria con otras naciones europeas. Examinaremos brevemente la Revolución Francesa para ver cómo influyó en los últimos años de las guerras.

En pocas palabras, las guerras Napoleónicas dan testimonio del inmenso genio de Napoleón Bonaparte. Las batallas que libró y los logros que alcanzó merecen cada minuto que dediquemos a estudiarlos. Los exploraremos en esta obra, y esperamos que los lectores se beneficien del aprendizaje sobre el hombre y el periodo en que vivió.

Capítulo 1: El ascenso de Napoleón

<ins>El joven de Córcega</ins>

Napoleón Bonaparte nació en la ciudad de Ajaccio, en la isla de Córcega, el 15 de agosto de 1769. Era hijo de Carlo Buonaparte y de su esposa, Letizia. El niño formaba parte de una gran familia de aristócratas corsos menores. En un tiempo, Córcega fue posesión de Génova, pero Francia la adquirió el año anterior al nacimiento de Napoleón. Napoleón creció aprendiendo francés y se familiarizó cada vez más con el nuevo propietario de su patria.

Napoleón fue enviado a Francia para estudiar cuando tenía nueve años. Estudió en la Escuela Militar Real de Brienne y después en la École Militaire de París. Destacó en matemáticas e historia, pero el joven sobresalió en las asignaturas militares. Napoleón tenía un intelecto agudo y estudió intensamente las tácticas de guerra, la construcción de fortificaciones y la historia militar. Su comprensión de conceptos complejos era notable para un joven de su edad.

Sus años en la École Militaire serían un tiempo muy bien empleado. Napoleón aprendió más sobre tácticas de caballería y artillería en esta institución, y se graduó como subteniente de un regimiento de artillería cuando solo tenía dieciséis años[i].

---

[i] Editores, H. (2023, 24 de abril). Napoleon Bonaparte. Extraído de History.com: https://www.history.com/topics/european-history/napoleon.

Si la historia no se hubiera desarrollado como lo hizo, Napoleón podría haber sido subteniente durante mucho tiempo. La familia de uno era más importante en el ascenso militar que el talento real. Un joven podía convertirse en oficial del estado mayor de un general basándose en sus conexiones familiares o en las buenas palabras de un amigo influyente. También era posible comprar un rango militar si un individuo disponía de la cantidad adecuada de dinero. Hubiera sido difícil para Napoleón ascender de rango en este sistema. Existía una posibilidad real de que este joven ambicioso hubiera pasado su carrera militar destinado a una guarnición en algún lugar remoto y olvidable de Francia. Afortunadamente para él, Napoleón entró en el ejército en el momento oportuno.

Los tres estados de Francia

Francia estaba sumida en el caos antes de que Napoleón accediera al poder. La Revolución Francesa desencadenó unos acontecimientos que provocaron que Europa estuviera en guerra durante más de veinte años.

Francia tenía un sistema de clases que databa de siglos atrás. El Primer Estado se encontraba en la cúspide de la pirámide y estaba formado por el clero católico. (El protestantismo fue duramente reprimido por la revocación del Edicto de Nantes en 1685). Aproximadamente el 10% de las tierras francesas eran propiedad de la Iglesia católica romana y estaban exentas de impuestos.

El Segundo Estado comprendía la aristocracia francesa. Eran la poderosa élite de Francia y controlaban puestos de autoridad en el ejército y el gobierno. Existía una división dentro del Segundo Estado. Los «nobles de la espada» eran aquellos cuyos títulos habían pertenecido a sus familias durante generaciones. Se les había concedido su estatus por el servicio militar o por favores otorgados por el rey. Los «nobles de la toga» eran aristócratas que alcanzaban su estatus por ser administradores, financieros o funcionarios judiciales.

El último estamento, el Tercer Estado, incluía algo más que el campesinado. Estaba formado por los plebeyos, incluidos artesanos, agricultores, comerciantes y cualquiera que no formara parte de la nobleza o el clero. Más del 90% de la población francesa formaba parte del Tercer Estado. Era el grupo más numeroso de la sociedad francesa y el más oprimido.

Un adagio medieval decía: «Los sacerdotes rezan por todos, los señores luchan por todos y los campesinos pagan por todos». Eso era cierto mil años después. El clero estaba exento de impuestos. A la aristocracia se le exigía el pago de los impuestos de capitación y de *la vingtième* (la vigésima

parte de los ingresos anuales, es decir, el 5%). Ninguno de los estamentos debía pagar el impuesto directo, la *taille*. El Tercer Estado tenía que pagar ese y otros impuestos y gravámenes sobre sus ingresos y posesiones[i].

La estructura de clases en Francia creó una tensión social considerable. El Tercer Estado consideraba, con razón, que debía soportar la carga del país y, sin embargo, los otros dos estamentos no tenían que pagar pesados impuestos a pesar de que normalmente ganaban más dinero que ellos.

Además, la aristocracia gozaba de ciertos privilegios que había mantenido durante siglos. No estaban dispuestos a renunciar a ellos. Algunos graves problemas en el seno del gobierno francés agravaron la animosidad entre el Tercer Estado, el Primer y Segundo Estado.

La crisis de la deuda

Francia se vio envuelta en varias guerras importantes durante el siglo XVIII y tuvo que recuperarse de la Burbuja del Mississippi, un frenesí especulativo que destruyó la fortuna de muchas personas. Sin embargo, en la década de 1780, el problema más importante que sufría Francia era una crisis de la deuda provocada por ayudar a un amigo.

Francia se convirtió en un importante aliado de los estadounidenses durante la Guerra Revolucionaria Americana, y probablemente fue gracias a la ayuda francesa que los estadounidenses llegaron a triunfar. Esa ayuda costó una considerable cantidad de dinero. Se calcula que Francia gastó aproximadamente 1.300 millones de libras en la guerra, que se sumaron a la deuda nacional ya existente. Cuando terminó la guerra, Francia se quedó con una deuda de más de 3.300 millones de libras.

Esta deuda tuvo que ser reembolsada mediante impuestos directos e indirectos recaudados sobre el pueblo francés. El sistema de recaudación de impuestos en Francia durante el reinado de Luis XVI

---

[i] Mark, H. W. (2022, 7 de marzo). Los tres estamentos de la Francia prerrevolucionaria. Extraído de World History Encyclopedia: https://www.worldhistory.org/article/1960/the-three-estates-of-pre-revolutionary-france/.

era ineficaz. Los funcionarios fiscales reales recaudaban los impuestos directos, pero los impuestos indirectos se cedían a la ferme générale («granja general») y a su filial, la régie générale.

El sistema fiscal complicaba la recaudación de impuestos en Francia. A los recaudadores de impuestos de la ferme générale se les otorgaba una gran autoridad para recaudar impuestos y embargar propiedades si era necesario. Tenían privilegios especiales y protección legal. También se hicieron increíblemente ricos porque a menudo eran corruptos[i].

El sistema fiscal no cubría las necesidades del presupuesto nacional. El servicio de la deuda era la mayor parte de los gastos del gobierno y, en 1780, el pago de la deuda ascendía al 43% de los gastos nacionales.

Luis XVI tenía conocimiento del problema. Sabía que había que resolverlo. Nombró a Charles Alexandre de Calonne interventor general de las finanzas francesas en 1783 y le pidió que estudiara la situación y diera una respuesta al problema. De Calonne encontró un sistema que era un completo caos. Auditó las cuentas y los registros de la nación y escudriñó cómo se gestionaba el dinero. Su recomendación final fue gravar al país con impuestos de forma generalizada. Esto significaba que aquellos exentos de impuestos o que pagaban muy poco perderían sus privilegios. Luis XVI tuvo que decirle a la aristocracia que tenía que pagar la parte que le correspondía. Él no quería hacerlo, pero el problema no desaparecería.[ii]

---

[i] Emerson Kent.com. (2024, 25 de mayo). La fiscalidad en la Francia prerrevolucionaria. Extraído de Emersonkent.com:
http://www.emersonkent.com/history_dictionary/taxation_in_pre_revolutionary_france.htm.

[ii] Sparknotes.com. (2024, 25 de mayo). La Revolución Francesa (1789-1799). Extraído de Sparknotes.com: https://www.sparknotes.com/history/european/frenchrev/section1/.

Retrato de Charles Alexandre de Calonne.¹

Además, conseguir préstamos para cubrir la deuda de los bancos europeos no era una opción. Francia era un mal riesgo crediticio. Los banqueros comprendían los problemas financieros en los que se encontraba Francia y dudaban a la hora de proporcionar fondos ⁴.

Los problemas se agravaron a medida que avanzaba la década de 1780. Finalmente, en 1788, la crisis llegó a su punto álgido. Hubo una mala cosecha y el Estado no pudo recaudar el dinero necesario para pagar todas las facturas. El tesoro estaba pelado, y la única manera de corregir la situación era convocar los Estados Generales y pedir a ese órgano parlamentario que propusiera una solución que permitiera a Francia llegar a fin de mes.

Los militares de la década de 1780

El ejército francés se enfrentó a dificultades que mermaron su eficacia como fuerza de combate. La crisis de la deuda recortó los créditos militares, privando a todas las ramas de los fondos necesarios para tener una presencia militar importante. La falta de fondos significaba que no siempre había dinero suficiente para el entrenamiento o la reposición del equipamiento militar. La nobleza controlaba los rangos superiores de oficiales, y los soldados de las clases media y trabajadora se resentían por la falta de igualdad de oportunidades para ascender.

Soldados y marineros se sintieron insatisfechos con el statu quo. Aunque eran leales a la monarquía, querían mejores oportunidades de ascenso, y las costumbres del Antiguo Régimen les bloqueaban el camino para conseguir algo mayor. La Revolución Francesa prometía cambios, y muchos uniformados aprovecharían el nuevo régimen, más igualitario.

El camino lleva a la guerra

La Revolución Francesa pasó rápidamente de ser una chispa a una hoguera. Tradiciones, privilegios y leyes que habían existido durante siglos fueron aniquilados en meses. El paisaje social y político de Francia cambió radicalmente.

La clase dirigente europea estaba muy preocupada. Una cosa era ser un déspota ilustrado; un monarca constitucional era otra cosa. Eso significaba compartir el poder, y los monarcas no querían eso en absoluto. Vigilaban con preocupación lo que ocurría en Francia a medida que se difundían las noticias de los cambios liberales.

La tensión que se acumulaba entre la Francia revolucionaria y las coronas reales de Europa finalmente estalló. La Asamblea Legislativa francesa declaró la guerra a Austria el 20 de abril de 1792. Un ejército aliado de austriacos y prusianos se adentró en Francia para restaurar la monarquía borbónica, y un ejército francés fue enviado para detener a la fuerza aliada. Los dos ejércitos se encontrarían en Valmy el 20 de septiembre. Los aliados tenían una fuerza combinada de aproximadamente ochenta y cuatro mil hombres, y se opusieron a un contingente francés al mando de François Christophe de Kellermann, que contaba con cuarenta y siete mil soldados.

Antes de que se dispararan los primeros cañones, parecía que esta sería una victoria desigual para los aliados. Después de todo, el duque de Brunswick era uno de los mejores comandantes de Europa, y tenía una ventaja de casi dos a uno en tropas sobre Kellermann. Sorprendentemente, sin embargo, ganaron los franceses. Un ejército revolucionario de voluntarios derrotó a un adversario altamente profesional. El resultado inmediato de la batalla fue la abolición de la monarquía francesa y la creación de la primera República Francesa el 22 de septiembre[i].

La batalla de Valmy, pintada por Horace Vernet[2]

¿Cómo fue posible? Los franceses habían sido significativamente superados en número. Fue algo más que el valor lo que se impuso. El ejército francés que tomó el campo en 1792 se había transformado con respecto a los regimientos reales de 1788. Había un gran auge de patriotismo en Francia y de celo revolucionario provocado por gestos simbólicos, como la composición de canciones como «La Marsellesa».

Un cambio titánico

La Revolución Francesa convenció a muchos oficiales aristocráticos para que abandonaran Francia. Su marcha creó vacantes en las filas de oficiales, que fueron cubiertas rápidamente por hombres enérgicos y con talento. Los cambios en el mando fueron amplios. Aunque el 90 por ciento de los oficiales antes de la Revolución Francesa procedían de la aristocracia, solo alrededor del 3 por ciento de esos nobles seguían en el ejército en 1794.

---

[i] Hickman, K. (2019, 4 de septiembre). Guerras revolucionarias francesas: Batalla de Valmy. Extraído de ThoughtCo.: https://www.thoughtco.com/french-revolution-battle-of-valmy-2361106.

El ejército francés se reorganizó. Había tres unidades de ejército distintas: Ejército del Centro, Ejército del Norte y Ejército del Rin. Francia también cambió la forma en que los hombres eran llamados a filas. En lugar de tener levas locales de tropas, la Francia revolucionaria empleó *la levée en masse*, que era una movilización total de la población. La conscripción generó fuerzas militares masivas que aumentaron el tamaño del ejército francés.

Las tácticas también cambiaron. Los franceses empezaron a utilizar tácticas de infantería ligera que daban prioridad a la movilidad. La infantería ligera se utilizó con más frecuencia y se recurrió con frecuencia a los escaramuzadores para iniciar los combates. El ejército en su conjunto se concentró en estrategias ofensivas en las que llevaban la lucha al enemigo en lugar de sentarse a esperar a que el enemigo viniera a ellos.[i]

Una ventaja que tenía el ejército revolucionario francés era su artillería. La artillería a caballo se utilizó por primera vez en la batalla de Jemappes el 6 de noviembre de 1792. Aunque el equipamiento y el calibre de los cañones eran estándar para la época, el espíritu de cuerpo y la eficacia de los artilleros permitieron aprovechar al máximo las armas.[ii]

Los franceses se hicieron competentes en la guerra de asedio. Las tácticas de cerco y tierra quemada les permitieron tener un gran éxito en las campañas de asedio. Mediante el uso de cañones y morteros, los franceses fueron capaces de abrir agujeros en las fortificaciones enemigas, permitiendo a las unidades de infantería colarse por los huecos causados por las balas de cañón y los disparos.

Los ingenieros fueron importantes en el ejército revolucionario francés. Se aseguraron de que los soldados franceses estuvieran bien protegidos en el campo de batalla con fascinas (haces de broza utilizados como protección) y pudieran avanzar a través de los ríos por puentes construidos rápidamente.

---

[i] Jensen, N. D. (2024, 25 de mayo). Organización de los ejércitos revolucionarios franceses 1791-1801. Obtenido de French Empire.net: https://www.frenchempire.net/articles/armies/.

[ii] Williamson, M. (2016, 5 de agosto). La artillería napoleónica francesa en acción. Obtenido de Weapons and Warfare: https://weaponsandwarfare.com/2016/08/06/french-napoleonic-artillery-in-action/.

Lazare Carnot ayudó a reformar el ejército francés durante estos años. Tenía la capacidad organizativa necesaria para convertir al ejército francés en una fuerza de combate altamente profesional. Carnot instituyó la *levée en masa* y fusionó a las tropas recién reclutadas con las veteranas, lo que permitió a los recién llegados aprender rápidamente las técnicas de combate. Sus esfuerzos le valieron el apodo de *Organisateur de la Victoire* (« *Organizador de la* Victoria»)[i].

El primero de la clase

Las reformas militares de la Revolución Francesa destaparon un tesoro de genios. El cuerpo de oficiales francés se definía ahora por el talento, no por los títulos. Los hombres ascendían en las filas gracias a su capacidad para pensar con el pie y dirigir con audacia. Napoleón Bonaparte pertenecía a una clase de jóvenes oficiales muy ambiciosos y muy inteligentes. Alcanzaría la cima de la clase a finales de siglo. Es cierto que parte de su éxito se debió a estar en el lugar adecuado en el momento oportuno, pero este joven corso tenía algo más que buena suerte. Napoleón tenía cualidades y habilidades que le hicieron grande.

Éxito inicial

Tolón era una importante base naval francesa en la costa mediterránea. Los simpatizantes realistas tenían el control de la ciudad y entregaron el puerto a una flota anglo española después de que el comandante británico, el vicealmirante Lord Hood, aceptara retener la ciudad en nombre del rey niño encarcelado, Luis XVII (Luis XVI fue ejecutado el 21 de enero de 1793). Era esencial para los revolucionarios retomar la ciudad, y el 28 de agosto de 1793, Tolón fue puesta bajo asedio por el gobierno francés.

Napoleón recibió el mando de la artillería del ejército sitiador después de que el comandante original resultara herido. El joven capitán aprovechó al máximo su nuevo destino y concibió un plan para reconquistar Tolón a los aliados. Los franceses atacaron los fuertes que rodeaban la ciudad el 16 de diciembre de 1793. Retomaron las defensas. Las fuerzas anglo españolas se vieron obligadas a abandonar Tolón, que los franceses retomaron oficialmente el 19 de diciembre. Napoleón recibió el mérito de la victoria y fue ascendido a general de brigada varios días después de la batalla. Fue el comienzo de una serie de éxitos para Napoleón.

---

[i] Napoleonguide.com. (2024, 25 de mayo). Lazare Carnot. Extraído de Napoleonguide.com: https://www.napoleonguide.com/carnot.htm.

Mando del Ejército de Italia

El siguiente destino importante de Napoleón sería el mando de la artillería del Ejército de Italia. Asumiría el mando de todo el Ejército de Italia el 27 de marzo de 1796.

La campaña italiana que siguió puso de manifiesto la brillantez de Napoleón Bonaparte. Tomó el mando de un ejército desmoralizado y lo convirtió en una importante fuerza de combate. El joven general (¡solo tenía veinticinco años!) utilizó eficazmente la caballería, la infantería y la artillería e hizo de la movilidad, la velocidad y las tácticas agresivas sus prioridades. Sus victorias condujeron finalmente al Tratado de Campo Formio de 1797, que obligó a Austria a ceder el norte de Italia a Francia.

Análisis de los logros de Napoleón

La campaña de Italia demostró la capacidad de Napoleón como comandante. El Ejército de Italia era una unidad desmoralizada, y sus dotes de mando dieron la vuelta a la situación rápidamente. Napoleón tenía algo que otros generales no tenían: carisma. Motivaba a sus hombres con mensajes que destacaban el honor, las recompensas y la gloria que llegarían con las victorias. El general en jefe también compartía las penurias de sus tropas y soportaba las mismas condiciones que tenía que sufrir el soldado raso.

Napoleón también fue valiente. Condujo a las tropas a través de un puente en la batalla de Lodi (10 de mayo de 1796) a pesar de soportar el fuego del enemigo. Tomaba decisiones con rapidez y cambiaba de rumbo si las circunstancias lo requerían. Su capacidad para dirigir tropas en condiciones de combate quedó ejemplificada en la batalla de Montenotte (12 de abril de 1796). Allí, dividió sus fuerzas y venció a dos ejércitos opuestos.

Bonaparte se convirtió en el hombre del momento en la Francia revolucionaria. Fue un general que logró victorias impresionantes y mantuvo a la República Francesa a salvo de sus enemigos. La campaña de Egipto (1798-1801) supuso un grave riesgo, pero permitió a Napoleón utilizar una de sus innovaciones militares para obtener una importante victoria.

La batalla de las Pirámides (21 de julio de 1798) fue un gran enfrentamiento entre Napoleón y los gobernantes mamelucos de Egipto. En ese enfrentamiento introdujo el cuadrado divisional. El diseño era sencillo: una división con tres brigadas se formaba en tres cuadros separados. La infantería estaba en el exterior, la caballería en el interior y la artillería en las esquinas. Los cuadros no tenían nada de novedoso; los ejércitos los habían utilizado durante mucho tiempo para defenderse de la caballería. Sin embargo, Napoleón utilizó el cuadrado divisional como arma ofensiva. El ejército mameluco fue masacrado.

Napoleón era hábil políticamente. Su comprensión del entorno político le hizo capaz de tomar decisiones a sangre fría. Ordenó a la artillería francesa que abriera fuego contra una turba de civiles franceses en la batalla callejera del 13 de Vendeemiaire (5 de octubre de 1795). Varios cientos de personas murieron, pero la orden de Napoleón salvó al gobierno francés de la disolución.

Representación de Charles Monnet de Napoleón abriendo fuego contra civiles[8]

Sin embargo, su lealtad a sus tropas no significaba que estuviera dispuesto a morir con ellas. Napoleón acabó abandonando a sus soldados en Egipto y regresó a Francia para alcanzar objetivos políticos personales. Ambos acontecimientos sugieren que el hombre no estaba por encima de jugar a la política si ello servía a sus propósitos.

A finales del siglo XVIII, Francia se convirtió en una república. Había vencido con éxito a sus adversarios militares y era una fuerza a tener en cuenta en Europa. Los principios revolucionarios franceses de libertad, igualdad y fraternidad cautivaron la imaginación de los pueblos de toda Europa.

Las tensiones crecían entre las clases sociales. La gente se atrevía a exigir derechos que antes pensaban que nunca tendrían y los ánimos se caldeaban. La élite gobernante necesitaba hacer algo para detener el crecimiento de las ideas radicales; de lo contrario, podría sufrir el mismo destino que Luis XVI.

Capítulo 2: La Reforma de Francia

La Revolución Francesa trajo enormes cambios a Francia, pero aún quedaba trabajo por hacer. Aún se necesitaban reformas para acabar con prácticas que habían sido aceptadas durante siglos sin cuestionarlas. Francia fue un gran laboratorio de mejoras políticas y sociales, y los esfuerzos de reforma continuaron desde el siglo XVIII hasta el XIX. Napoleón sería un catalizador de estos cambios.

El Código Napoleónico: El comienzo

Napoleón se convirtió en el primer cónsul de Francia en 1800. Maniobró con éxito su camino a través de la política y las intrigas de los últimos días de la República Francesa y derrocó al Directorio con el Golpe del 18 Brumario el 9 de noviembre de 1799. Fue una persona muy influyente a pesar de su edad (solo tenía treinta y un años). Se impuso una tarea que, una vez concluida, afectaría a Francia más de doscientos años después. Se trataba del Código Napoleónico.

El Código Napoleónico era un proyecto ambicioso, y Francia lo necesitaba desesperadamente por varias razones:

- Acabar con la confusión jurídica.

  Francia no tenía un único código de leyes, y los estatutos podían variar de una región a otra. El Código Napoleónico crearía un sistema de leyes que podría aplicarse uniformemente en toda Francia.

- Potenciaría un gobierno central.

  Un código legal estandarizado permitiría un gobierno central más fuerte que podría recortar los poderes regionales en manos del poder judicial local.

- Para fomentar una economía más robusta.

  El derecho contractual y el derecho de propiedad son la base de una economía fuerte. Existen, por supuesto, otras normas de comercio que también deben respetarse. Todo ello formaría parte del Código Napoleónico. Además, los inversores extranjeros se sentirían más cómodos poniendo su dinero en empresas francesas si supieran que la economía es estable y sigue unas normas de conducta establecidas.

- Codificar la Revolución Francesa

  La Revolución Francesa cambió el país y era necesario consolidar las reformas. El Código Napoleónico grabaría estos cambios en el tejido de la sociedad francesa.

El proceso de codificación

Ya en 1790 se inició un intento de codificar el derecho francés, pero los proyectos de código de 1793, 1794 y 1796 fueron rechazados. En diciembre de 1799 se creó una comisión y Jean-Ignace Jacqueminot presentó un esbozo que fue rechazado. Napoleón decidió que, de una vez por todas, habría un código para el derecho francés. Utilizaría su poder e influencia como primer cónsul para completar el proyecto.

En 1800 se creó una comisión final. Estaba presidida por Jean-Jacques-Régis de Cambaceeres, segundo cónsul de Francia. El trabajo sobre el borrador del código se completó en 1801, y finalmente se publicó el 21 de marzo de 1804. Su título original era «Código Civil de los Franceses», y pasaría a llamarse Código Napoleónico en 1807[1].

Las partes del Código

El marco del Código Napoleónico estaba influido por una codificación anterior del derecho, el Código de Justiniano. La versión francesa distribuía el derecho francés en cuatro secciones:

---

[1] DetailedPedia.com. (2024, 26 de mayo). Código Napoleónico. Extraído de DetailedPedia.com: https://www.detailedpedia.com/wiki-Napoleonic_Code.

1. Personas
2. Propiedad
3. Adquisición de bienes
4. Procedimiento Civil (Esto se colocaría en un código separado en 1806)[i]

Los principios del Código Napoleónico eran impresionantes y novedosos para su época. He aquí algunos ejemplos de lo que introdujo:

- Todos los ciudadanos varones eran iguales ante la ley. Se abolieron los privilegios basados en títulos aristocráticos.
- Las instituciones públicas ya no estaban bajo el control de las autoridades eclesiásticas.
- Las personas podían celebrar contratos libremente, con ciertas limitaciones.
- Se definió estrictamente el derecho penal y se establecieron normas para los litigios civiles. Se presumía la inocencia de una persona hasta que se demostrara su culpabilidad.
- Se protegían los derechos de propiedad[ii].

El impacto inmediato del Código Napoleónico en la sociedad francesa fue la claridad. En lugar de una maraña de edictos y leyes a veces contradictorias, Francia disponía ahora de un código que podía seguirse en cualquier lugar del país. Las normas especificadas en el Código Napoleónico estaban en un lenguaje claro que cualquiera podía entender.

El código toleraba la disidencia religiosa. Este fue un cambio significativo. Francia había sido desgarrada por guerras religiosas en el siglo XVI, y aún existían problemas de opresión religiosa de los no católicos. El Código Napoleónico puso fin a eso. La libertad religiosa era la ley aceptada del país. Los protestantes y otros grupos no católicos estaban a salvo.

Por supuesto, había partes del Código Napoleónico que la sociedad moderna consideraría inaceptables. Los hombres tenían un mayor control sobre sus familias y las mujeres seguían estando subordinadas.

---

[i] DetailedPedia.com. Código Napoleónico.

[ii] Britannica, E. o. (2024, 18 de mayo). Código Napoleónico. Extraído de Britannica.com: https://www.britannica.com/topic/Napoleonic-Code.

Los hombres tenían los mismos derechos ante la ley, pero estos derechos no se extendían a las mujeres. La esclavitud en las colonias había sido abolida durante la Revolución Francesa, pero el código la reinstauró.

El legado perdurable

El Código Napoleónico fue el modelo legal que copiaron las naciones europeas y latinoamericanas durante el siglo XIX, en particular los países que habían sido ocupados por los franceses durante las guerras napoleónicas. El Código Napoleónico sigue siendo la base de los sistemas jurídicos de muchas naciones modernas.

Hay un hecho interesante sobre el Código Napoleónico. El sistema jurídico de Estados Unidos se basa principalmente en el derecho consuetudinario inglés, con una excepción. El Código Napoleónico sigue influyendo en Luisiana, que en su día fue una posesión francesa. Existe una diferencia en las normas legales de ejercicio de la abogacía en Luisiana con respecto al resto de Estados Unidos. Por ejemplo, en Luisiana, leyes como la de bienes gananciales y la de herederos forzosos dictan que los bienes adquiridos durante el matrimonio son de propiedad conjunta y que una parte del patrimonio de una persona fallecida debe ir a sus hijos. En otros estados, la distribución de la propiedad y la herencia pueden ser más flexibles y determinarse mediante testamentos[i].

La reforma de Napoleón se hizo con la Revolución Francesa como telón de fondo. Los radicales querían una transformación significativa de la sociedad y no les preocupaba el coste. Napoleón era más pragmático.

Reconocía que la sociedad francesa era esencialmente una cultura de centro-derecha. Los radicales podían proponer cambios sociales de proporciones mareomotrices en París que no se llevarían a cabo en Lyon o Provenza. La Revolución Francesa fue extremadamente violenta y sus logros estuvieron bañados en sangre francesa. Napoleón aceptó los límites dentro de los cuales podía realizar las reformas necesarias y evitó ir demasiado lejos. Para él, el Reinado del Terror seguiría siendo un momento histórico único y nada más.

---

[i] DailyHistory.org. (2024, 26 de mayo). ¿Por qué el Código Civil francés ha tenido una influencia duradera en el Derecho europeo contemporáneo? Extraído de DailyHistory.org: https://www.dailyhistory.org/Why_has_the_French_Civil_Code_had_a_lasting_influence_on_contemporary_European_law.

Concordato de 1801

La mayor fractura de la sociedad francesa durante la Revolución Francesa fue la división entre el gobierno laico y la Iglesia católica romana. La Revolución Francesa causó la muerte de miles de clérigos y la pérdida de propiedades eclesiásticas. Los radicales intentaron que Francia fuera lo más atea posible, pero todavía había millones de franceses que anhelaban una reconciliación con la Iglesia. No se trataba de un llamamiento a la vuelta a la superstición. La iglesia había sido una parte integral de la estructura social durante miles de comunidades, y se echaba mucho de menos.

Además, la falta de reconciliación significaba que un gran grupo de católicos podría convertirse en serios opositores al gobierno, algo que Napoleón no deseaba. La oportunidad de un entendimiento entre la Iglesia católica romana y el Estado llegó gracias a la elección de un nuevo papa.

Barnaba Niccolò Chiaramonti fue elegido papa el 14 de marzo de 1800 y tomó el nombre papal de Pío VII. El nuevo papa quería devolver a los fieles de Francia a la Iglesia, y Napoleón estaba cansado de los conflictos religiosos en su país. Ambos iniciaron serias negociaciones en noviembre de 1800[i].

Napoleón entabló las conversaciones con tres objetivos: la renuncia de la Iglesia Católica Romana a sus antiguas propiedades eclesiásticas, la restitución de la Iglesia en Francia con nuevas normas para el nombramiento de obispos y el pago de los salarios del clero por parte del Estado. Pío VII quería que el catolicismo volviera a ser la religión oficial de Francia. Por supuesto, no sería tan sencillo. Habría muchas idas y venidas sobre estos puntos y otros.

Afortunadamente, el papa estaba dispuesto a ser flexible y a hacer concesiones significativas. Su principal preocupación era permitir a los católicos practicar libremente su fe al aire libre y que los sacerdotes pudieran desempeñar sus funciones sin ser molestados. Pío quería asegurar el futuro de la Iglesia y permitir a sus seguidores practicar su culto pacíficamente. A cambio, se reconocería el poder secular de Napoleón en Francia.

---

[i] Coppa, F. J. (2018, 18 de mayo). Concordato de 1801. Extraído de Encyclopedia.com: https://www.encyclopedia.com/philosophy-and-religion/christianity/roman-catholic-and-orthodox-churches-councils-and-treaties/concordat-1801.

Los términos finales

Las conversaciones fueron muy constructivas, ya que ambas partes esperaban una resolución amistosa de la disputa. Finalmente se llegó a un acuerdo y el 15 de julio de 1801 se firmó el Concordato de 1801. Lo que acordaron fue lo siguiente

- Se reconocía a la Iglesia Católica Romana como la religión de la mayoría de los ciudadanos franceses. Esto no significaba que el catolicismo fuera la religión del Estado, pero sí reconocía que la mayoría de los franceses eran católicos practicantes.
- El gobierno francés nombraba a los obispos católicos, que luego eran consagrados por el papa.
- Los bienes perdidos durante la Revolución Francesa eran irrecuperables; la Iglesia católica romana no recuperaría la posesión de ninguno de ellos, pero el Estado pagaría salarios al clero.
- Se permitió a la Iglesia formar sacerdotes en seminarios y celebrar cultos públicos. Los que iban a misa podían hacerlo libremente y sin miedo a la opresión.

Los radicales franceses partidarios de un gobierno laico robusto criticaron el Concordato de 1801 como una traición a los principios revolucionarios. Al mismo tiempo, los monárquicos franceses protestaron por la consiguiente centralización del poder dentro de Francia. Napoleón ignoró las protestas, y Pío VII aceptó discretamente las concesiones. Lo importante era que se había llegado a un acuerdo entre el gobierno y la fuerza social más poderosa de Francia. Los católicos devotos eran ahora libres de practicar su fe y ser también ciudadanos leales. No habría una quinta columna católica a espaldas de Napoleón en los años venideros[i].

El Concordato de 1801 era un equilibrio sensato entre un Estado laico y una institución religiosa. Fue una respuesta pragmática a un problema persistente y estabilizó la sociedad francesa. Las crudas emociones de la Revolución Francesa empezaban a calmarse a medida que la Iglesia y el Estado eran capaces de acordar estar en desacuerdo y seguir respetando la posición del otro.

---

[i] Una quinta columna es un grupo de personas que socavan a un grupo mayor o a la nación.

Cambios económicos

Napoleón tenía otros intereses que quería abordar para crear una economía francesa estable. Francia pasó años funcionando con un sistema financiero que era lamentablemente ineficaz, y Napoleón estaba decidido a acabar con ese estado de cosas.

También tenía una agenda política. El caos financiero existente en Francia hacía que las instituciones financieras privadas compitieran con los bancos regionales. Napoleón quería una mayor eficiencia económica, y un banco central encajaba en su política general de centralización. Su idea sería similar a la del Banco de Inglaterra británico, pero incluiría la consecución de objetivos económicos nacionales y comerciales privados.

Se utilizó capital privado para fundar el Banco de Francia, pero también se emplearon fondos estatales. El Banco de Francia (Banque de France) tendría una estrecha relación con el gobierno francés, y el Estado nombró al gobernador y a los dos subgobernadores de esta institución financiera. Al Banco de Francia se le permitieron ciertos privilegios. El más importante, se le concedió el derecho exclusivo de emitir billetes en París durante quince años. La facultad del Banco de Francia de emitir billetes se extendería más tarde a todo el país[1].

El Banco de Francia consiguió estabilizar la moneda nacional y, en última instancia, estandarizar la moneda en Francia. La deuda pública es siempre una preocupación para un banco central, y el Banco de Francia consolidó las obligaciones públicas francesas. Permitió que aumentara la confianza internacional y nacional en la estabilidad de Francia, y el país pudo obtener préstamos con menos problemas que antes. El restablecimiento de la confianza en la moneda francesa y su capacidad para gestionar la deuda pública generaron una prosperidad considerable para Francia a principios del siglo XIX.

El Banco de Francia desempeñó un papel importante en los años inmediatamente posteriores a su creación. Apoyó las guerras napoleónicas concediendo los créditos necesarios y financiando los gastos militares. Napoleón pudo más tarde emprender guerras sabiendo que habría respaldo monetario para sus esfuerzos.

---

[1] Britannica, T. E. (2024, 24 de mayo). Banque de France. Extraído de Britannica.com: https://www.britannica.com/money/Banque-de-France.

Los Liceos

El deseo de Napoleón de centralizar y uniformizar Francia se extendió también a la educación. Los intentos anteriores de hacerlo durante la Revolución Francesa no tuvieron éxito, pero los esfuerzos de Napoleón produjeron resultados positivos. Un punto central de sus reformas educativas fueron los liceos.

Los liceos eran escuelas secundarias y su tarea consistía en educar a los futuros administradores, profesionales y oficiales militares de Francia. Antes, la educación se centraba principalmente en el desarrollo de la aristocracia. Los liceos eran internados que aceptaban alumnos becados y también alumnos internos y externos de pago. El plan de estudios se centraba en un modelo humanístico de educación, pero también tenía cursos de ciencias, matemáticas, historia, geografía y literatura, entre otras áreas de estudio. Era una educación amplia que produciría un graduado bien formado[1].

Los liceos no se crearon solo para educar a las mentes jóvenes. El plan de estudios pretendía fomentar el pensamiento crítico, la capacidad para resolver problemas y las capacidades intelectuales que necesitaban los oficiales militares. Los graduados con éxito podrían ingresar sin problemas en las academias militares francesas y proseguir su educación militar.

Los cambios de Napoleón también incluyeron algunos proyectos muy útiles tanto para la economía como para la sociedad en general. Entre ellos figuraban las infraestructuras, como la mejora de las carreteras, de los puertos y de los canales. Todo ello contribuyó a la creciente prosperidad de un país que había sido sacudido por diez años de cambios revolucionarios. Todo ello benefició a Francia e hizo a Napoleón extremadamente popular.

Todo lo que Napoleón logró, y que hizo en solo unos años, se convertiría en un modelo a seguir por otros en los años venideros. Al igual que la Constitución de los Estados Unidos, el Código Napoleónico sería emulado y mejorado. El Concordato de 1801 dio a las naciones ideas sobre cómo gestionar la relación, a veces delicada, entre la Iglesia y el Estado. El pensamiento crítico y la resolución de problemas que

---

[1] Savoie, P. (2024, 26 de mayo). Lycée. Extraído de Faqs.org: http://www.faqs.org/childhood/Ke-Me/Lyc-e.html.

fomentaban los liceos son utilizados hoy en día por sistemas educativos de gran éxito en todo el mundo[i].

Sin embargo, toda esta actividad tenía otra cara. Napoleón centralizó Francia y estableció normas que harían algo más que convertir a la nación en una potencia económica. Francia era capaz de financiar y llevar a cabo campañas militares que podrían incluir la absorción de territorios más allá de sus fronteras. Los ideales revolucionarios fueron puestos en su justo lugar, pero no fueron olvidados del todo. Los franceses tenían los medios, más allá de la ardiente retórica, para realizar cambios sustanciales en Europa.

Los gobernantes de otros países empezaron a preocuparse más por lo que ocurría en Francia y por la posibilidad de que estos ideales tan liberales traspasaran las fronteras francesas. Había que frenar a Napoleón, si no detenerlo por completo. Pero eso no iba a ser fácil. Napoleón Bonaparte era un fenómeno que muchos no habían visto nunca. Si algún gobierno extranjero subestimaba a este hombre, descubriría en pocos años lo equivocado que estaba al hacerlo. Napoleón estaba estableciendo una sociedad moderna en Francia, pero también estaba creando una enorme maquinaria militar que era casi imparable.

---

[i] Globallytaught.com. (2024, 26 de mayo). Sistemas educativos de todo el mundo: Una mirada a los 4 mejores sistemas escolares. Extraído de Globallytaught.com:
https://globallytaught.com/blog/education-systems-around-the-world/

Capítulo 3: Tácticas y guerra en el campo de batalla revolucionario

La reforma y la innovación militares eran constantes en Francia. Las reformas realizadas en las filas de la Revolución Francesa continuaron en el siglo XIX. Napoleón avivó las llamas del cambio y, como resultado, el ejército francés se convirtió en el más formidable de Europa.

Nathan Bedford Forrest, un general confederado durante la guerra de Secesión estadounidense, hizo una vez una astuta observación que describía cómo un ejército puede tener éxito en el campo de batalla: llegar el primero con la mayoría. Significa que una fuerza militar de éxito debe ser capaz de moverse con rapidez y desplegar el máximo de fuerza en el momento oportuno. Napoleón comprendió este concepto mucho antes de que naciera el general Forrest.

Napoleón cambió la estructura del ejército francés en 1800. Organizó el ejército en cuerpos o *corps d'armée*. Estas unidades militares eran mayores que las divisiones y podían operar independientemente de la fuerza principal.

El cuerpo de ejército era un ejército pequeño. Tenía su propia caballería, infantería y artillería. Se pretendía que el cuerpo de ejército pudiera operar por sí mismo, y Napoleón a menudo hacía que los cuerpos de ejército estuvieran separados entre sí por una corta distancia. Podían reunirse en batallas importantes o utilizarse para luchar contra el enemigo en varios frentes, lo que podía superar con eficacia a una fuerza mayor. Los cuerpos separados también podían acudir en ayuda de otro cuerpo, ya que normalmente se situaban a no más de dos días de marcha unos de otros[i].

Se atribuye a Napoleón la acuñación de la frase de que un ejército marcha sobre su estómago. Eso es cierto, pero también es correcto decir que un largo tren de suministros puede ralentizar a un ejército durante una marcha. Napoleón ordenó a sus comandantes de cuerpo que vivieran de la tierra tanto como fuera posible. En otras palabras, se esperaba que los militares franceses recogieran la comida y las provisiones que necesitaban de las zonas locales a medida que marchaban por ellas. Esto suponía una dificultad para los civiles que vivían en la zona, pero también significaba que el ejército no se veía ralentizado por un engorroso tren de suministros, ni dependía de los depósitos de provisiones.

La mayor movilidad del ejército francés se hizo notar en el campo de batalla. Bonaparte podía ordenar marchas forzadas en las que su ejército podía recorrer hasta treinta millas en un día. Esta velocidad le permitía tomar ventaja sobre cualquier adversario que intentara reunir sus fuerzas o reagruparse. El mejor ejemplo de la velocidad y movilidad francesas tuvo lugar en la batalla de Ulm. Napoleón fue capaz de rodear rápidamente a su enemigo y obligarle a rendirse[ii].

Artillería y caballería

Tanto la artillería como la caballería fueron esenciales para el éxito de los franceses. Napoleón hizo hincapié en la movilidad utilizando cañones ligeros. Esto permitía subir rápidamente la artillería y utilizarla con un efecto devastador sobre un ejército contrario que aún intentaba posicionar sus cañones más pesados. Se organizó un grupo especial de soldados conocidos como *voltigeurs* para apoyar a la artillería.

Las unidades de caballería eran algo más que simples exploradores avanzados para la Grand Armée. Napoleón las utilizó como tropas de choque y empleó cargas masivas de caballería para romper las líneas enemigas y crear el caos necesario para cambiar las tornas de la batalla a favor

---

[i] Wesson, M. J. (2024, 28 de mayo). El desarrollo del Corps d'armée y su impacto en la guerra napoleónica. Extraído de The Napoleon Series: https://www.napoleon-series.org/military-info/organization/c_armycorps.html.

[ii] Mark, H. W. (2023, 10 de julio). Campaña de Ulm. Extraído de Enciclopedia de la Historia Mundial: https://www.worldhistory.org/article/2249/ulm-campaign/.

de Francia. A los coraceros (soldados de caballería equipados con espada, pistolas y una coraza, un tipo de armadura) se les ordenó cargar a toda velocidad y desmoralizar al enemigo.

Una ilustración de los coraceros[i]

La caballería resultaba aún más intimidatoria por el uso de la artillería a caballo. Se trataba de cañones que podían ser trasladados rápidamente por equipos tirados por caballos a través del campo de batalla. Aumentaron significativamente el poder del ejército francés.

Guerra psicológica

Sun Tzu, el famoso general y estratega chino, escribió que la batalla más importante no es la física, sino la psicológica y que la guerra se libra en la mente[i]. No sabemos si Napoleón leyó las obras de este antiguo

---

[i] Powerplace.org. (2023, 28 de julio). Las 51 mejores citas intemporales de Sun Tzu: Dominar la estrategia y el liderazgo. Extraído de Powerplace.org:
https://powerplace.org/blogs/quotes/mastering-strategy-and-leadership-unveiling-51-timeless-sun-tzu-quotes.

estratega militar, pero el comandante francés sin duda utilizó la guerra psicológica en su beneficio.

Napoleón empleó la propaganda para intimidar a sus adversarios y utilizó campañas de desinformación para hacer creer que la victoria era inevitable y que nadie podía vencer al ejército francés. Controlaba la narrativa mejor que sus enemigos.

El famoso cuadro de Napoleón cruzando los Alpes está excesivamente romantizado para hacer que Napoleón parezca más grande que la vida[5]

Sus tácticas de batalla a menudo estaban destinadas a confundir. Fingía una retirada para hacer caer al enemigo en trampas, y los ataques sorpresa se coordinaban para coger desprevenidos a los ejércitos contrarios. Napoleón fomentó mitos personales sobre su invencibilidad. Quería ser visto como imparable por sus enemigos y hacerles dudar de su capacidad para vencerle. A menudo tuvo éxito en este frente.

Los mariscales de Francia

Los mariscales de campo franceses en las guerras napoleónicas eran un grupo estelar; los más cercanos en calidad a ellos serían probablemente los mariscales de campo alemanes de la Wehrmacht en la Segunda Guerra Mundial. Algunos de estos hombres llevaban con Napoleón desde la campaña de Italia; se engancharon a la estrella de Napoleón y fueron ricamente recompensados. Los historiadores debaten sobre quién fue el mejor de los mejores de esta clase. Nosotros proponemos que los siguientes hombres son los que más destacan. Para no mostrar preferencias, hablaremos de ellos por orden alfabético.

- Louis-Alexandre Berthier

    Louis-Alexandre Berthier no comandó cargas masivas de caballería, pero fue un actor muy importante en las guerras napoleónicas. Fue jefe de estado mayor de Napoleón durante casi veinte años y participó en casi todas las campañas importantes. Berthier gestionó toda la logística y la planificación de las aventuras militares de Napoleón. Tenía notables dotes administrativas y su lealtad al emperador era incuestionable. Podía tomar las nociones de Napoleón y convertirlas en órdenes fáciles de entender.

    Berthier brilló en la campaña de Ulm, donde su organización de las instrucciones de Napoleón se tradujo en una derrota total del ejército austriaco. Sin embargo, Berthier no era partidario de estirar gradualmente las líneas de comunicación en la campaña de Rusia, lo que limitó la capacidad del ejército francés para mantener una línea de suministros durante el duro invierno de 1812[i].

---

[i] Napoleon.org. (2024, 28 de mayo). Louis-Alexandre Berthier. Extraído de Napoleon.org: https://www.napoleon.org/en/history-of-the-two-empires/biographies/berthier-louis-alexandre/.

- Jean-Baptiste Bernadotte

    Bernadotte era a la vez un hábil administrador y un excelente comandante de campo. Tenía una habilidad única para moverse por el territorio de la política napoleónica y equilibrarla con éxito con los asuntos militares. Bernadotte desempeñó un papel táctico en la batalla de Austerlitz, que fue la victoria más importante de Napoleón. Sus esfuerzos en la batalla de Jena no fueron tan impresionantes, y fue criticado por ser incapaz de comprometer suficientemente a las tropas bajo su mando.

    Lo que hizo destacar a Bernadotte fue su oposición final a Napoleón. Fue elegido sucesor del rey de Suecia el 20 de agosto de 1810, y se convirtió formalmente en rey de Suecia como Carlos XIV Juan en 1818. La ocupación francesa de la Pomerania sueca en 1812 y los problemas con el Sistema Continental hicieron que Bernadotte cambiara de bando y se uniera a la alianza europea contra Napoleón en 1813[i].

- Jean Lannes

    La valentía personal y el coraje casi temerario distinguieron a Lannes de los demás mariscales de esta lista. Era un comandante que no temía dirigir desde el frente, lo que le exponía constantemente al peligro. Lannes podía evaluar la situación con rapidez y tomar decisiones fundamentadas en el momento oportuno. Era uno de los mariscales que había acompañado a Napoleón durante toda su carrera[ii].

    Lannes comandó el ala izquierda del ejército francés en Austerlitz. Contuvo con éxito los asaltos rusos, lo que permitió a Napoleón avanzar sobre las alturas de Pratzen en un momento estratégico. Lannes continuó siendo uno de los comandantes de campo más fiables de la Grande Armée y colaboró competentemente en la campaña española.

---

[i] Hickman, K. (2020, 2 de enero). Guerras Napoleónicas: Mariscal Jean-Baptiste Bernadotte. Extraído de ThoughtCo.com: https://www.thoughtco.com/napoleonic-wars-marshal-jean-baptiste-bernadotte-2360137.

[ii] Green, J. (2004, abril). El «Roland» de Napoleón Bonaparte: El mariscal Jean Lannes. Extraído de Warfarehistorynetwork.com: https://warfarehistorynetwork.com/article/napoleon-bonapartes-roland-marshal-jean-lannes/

Murió el 31 de mayo de 1809 a causa de las heridas sufridas en la batalla de Aspern-Essling. Napoleón se sintió invadido por el dolor cuando se enteró de la pérdida de su íntimo amigo. En una carta a la viuda de Lannes, escribió: «Pierdo al general más distinguido de mis ejércitos, mi compañero de armas durante 16 años, y a quien considero mi mejor amigo».

- Michel Ney

Napoleón se refirió a Michel Ney como el más valiente de los valientes. Era otro mariscal de campo dispuesto a liderar desde el frente. A pesar de su rango, Ney sentía devoción por sus soldados. Se preocupaba profundamente por su bienestar.

El mejor momento de Ney ocurriría durante el mayor desastre de Napoleón. Ney fue puesto al mando de la retaguardia durante la retirada de Napoleón de Moscú. Según la leyenda, fue el último francés en abandonar Rusia, custodiando a las tropas en retirada hasta que el último hombre cruzó la frontera[i].

Ney juró lealtad a la dinastía restaurada de los Borbones tras la abdicación de Napoleón. Sin embargo, cambió de bando cuando Napoleón regresó a Francia de su exilio en Elba. Ney luchó duramente en la batalla de Waterloo, pero su desesperada carga de caballería, que no contaba con el apoyo de la infantería, fue la gota que colmó el vaso de la derrota francesa. Ney sería ejecutado más tarde por traición por los Borbones por haber vuelto al bando de Napoleón.

- Joaquín Murat

Murat era un extravagante *showman* y un agresivo comandante de campo. Siempre vestía con estilo y destacaba entre los comandantes que vestían de forma más conservadora. También se convirtió en cuñado de Napoleón.

Lo que hizo notable a Murat fue su habilidad para dirigir la caballería. Podía moverse con rapidez y dirigir asaltos de caballería que marcaron la diferencia en numerosas batallas. Sus ataques contra las fuerzas aliadas en Austerlitz fueron decisivos para sellar la victoria final. Desgraciadamente para el

---

[i] Green, J. (2002, abril). Retiro de Michel Ney. Extraído de Warfarenetwork.com: https://warfarehistorynetwork.com/article/michel-neys-retreat/.

mariscal de campo, su brillantez en el campo de batalla no estuvo a la altura de sus decisiones políticas. Se convirtió en rey de Nápoles en 1808 y perdió su trono en 1815. Mientras intentaba recuperar su trono, Murat fue capturado por el nuevo rey de Nápoles y murió ante un pelotón de fusilamiento.

Un retrato de Joaquín Murat[6]

Una característica interesante de los mariscales de campo de Napoleón es que actuaban brillantemente bajo su mando, pero cuando se les daban mandos independientes, estos mariscales de campo no eran tan buenos. Fue la capacidad de Napoleón para dirigir e inspirar lo que permitió a estos hombres ser héroes. Sin el emperador, no eran especialmente estelares.

Las naciones europeas estaban preocupadas por las ideas revolucionarias que surgían de Francia. Se debería haber prestado más atención al modo en que Francia se estaba centralizando y, lo que es aún más importante, a los cambios que se estaban produciendo en el ejército francés. En pocos años, Francia pasó de ser un ejército tradicional a uno lleno de nuevas tecnologías y un pensamiento estratégico superior. Podía enfrentarse a un enemigo o a una alianza de enemigos y tener muchas posibilidades de ganar. He aquí algunas comparaciones entre Francia y sus principales enemigos potenciales: Austria, Gran Bretaña, Prusia y Rusia.

Austria

El ejército francés estaba compuesto principalmente por franceses nativos. Todos los soldados hablaban el mismo idioma y compartían la misma herencia cultural. Esa unidad era útil en el campo de batalla, ya que no era necesario interpretar las órdenes.

El ejército austriaco era una mezcla diversa de alemanes, flamencos, valones e italianos. En consecuencia, las unidades militares estaban divididas en varias etnias. El problema más inmediato era que un ejército tan diverso hablaba varias lenguas diferentes, lo que exigía retrasos en la interpretación de las órdenes. La calidad de los soldados variaba de una nacionalidad a otra.

El ejército austriaco era una unidad profesional con una excelente caballería pesada. Sin embargo, las tácticas militares del ejército austriaco eran más conservadoras que las del francés. La flexibilidad en el campo de batalla no era una característica de las fuerzas austriacas. Después de la derrota en Austerlitz se llevarían a cabo reformas drásticas en el ejército austriaco, pero los franceses tenían una calidad superior en general al comienzo de las guerras napoleónicas.

Gran Bretaña

Los británicos tenían una superioridad naval abrumadora. Demostró su capacidad contra los franceses en la batalla del Nilo y en la batalla de Trafalgar. La armada francesa no podía competir con su rival.

A principios del siglo XIX, el ejército británico era una fuerza pequeña pero bien disciplinada. No se enfrentaría a los franceses hasta la guerra Peninsular, y su liderazgo cambiaría drásticamente cuando el duque de Wellington estuvo al mando. Napoleón tenía planes para invadir Gran Bretaña, pero la flota británica lo impidió.

Prusia

En 1804, el ejército prusiano vivía con una reputación que se había ganado décadas antes. El ejército había sido imparable bajo el mando de Federico el Grande, pero no había mejorado en los años transcurridos desde la muerte del rey. El ejército estaba bien disciplinado, pero su estrategia militar era débil en comparación con la de Napoleón. Las tácticas prusianas eran rígidas y poco eficaces.

Prusia pagaría caro no modernizar su ejército. Los franceses arrollaron a los prusianos en varias batallas, sobre todo en Jena. Después de que Francia derrotara contundentemente a los prusianos, se introdujeron reformas militares que permitieron a Prusia recuperar su antigua grandeza militar.

Rusia

Rusia participó en las guerras de la Segunda, Tercera y Cuarta Coaliciones, pero luego se mantuvo al margen hasta que fue invadida en 1812. No era un ejército moderno cuando comenzaron las guerras Napoleónicas.

El regimiento era la unidad más numerosa del ejército ruso. Los soldados eran reclutados entre el campesinado y los oficiales los trataban con rudeza. Los oficiales eran reclutados entre la aristocracia, que era la práctica general de los ejércitos europeos en el siglo XVIII. Su entrenamiento no era muy bueno.

Los soldados rusos eran valientes y podían soportar duras pruebas, pero el ejército en su conjunto tenía carencias. Haría falta la severa derrota de Austerlitz para que Rusia diera los pasos necesarios para modernizar su ejército.[i]

Una evaluación general concluye que los franceses estaban más que a la altura de cualquiera de sus enemigos en el campo de batalla. Las innovaciones militares francesas bajo Napoleón convirtieron a la Grande Armée en la mejor fuerza de combate de Europa.

Había una última ventaja que los franceses tenían sobre sus enemigos. El ejército francés estaba acostumbrado a ganar. Desde Valmy, las tropas francesas habían estado en el campo de batalla con solo unas breves treguas entre compromisos activos. Los franceses perdieron algunas

---

[25] Napoleonistyka.atspace.com. (2024, 28 de mayo). Ejército ruso de las guerras napoleónicas. Extraído de Napoleonistyka.atspace.com: Napoleonistyka.atspace.com.

batallas, pero ganaron aún más. Estaban acostumbrados a ser los vencedores en el campo de batalla bajo la dirección de Napoleón.

Los soldados franceses confiaban en su éxito, lo que les daba más moral que sus oponentes. Los franceses se veían a menudo superados en número en las batallas, pero desde luego no estaban en inferioridad de condiciones. Además, los franceses se enfrentaron a tropas enemigas que tenían que recorrer cientos de kilómetros para llegar a un punto de encuentro común. Los cuerpos franceses se movían cerca unos de otros y podían reunirse rápidamente gracias a ello. Los soldados franceses lucharon bajo una estrategia uniforme; los ejércitos aliados con maniobras tácticas diferentes tuvieron que aprender a luchar como una sola fuerza.

La superioridad general del ejército francés se haría evidente en los años siguientes, para gran pesar del enemigo.

Capítulo 4: Comienzan las guerras continentales de Napoleón

La República Romana existió durante cientos de años. Se desmoronó cuando la presión fue excesiva y desgarró el tejido social. El imperio dejó de existir cuando entró en escena un líder carismático con un ejército a sus espaldas. Lo mismo le ocurrió a la República Francesa.

La República Francesa pasó años intentando ser una entidad cohesionada. Sin embargo, la Asamblea Nacional dio paso al Reinado del Terror, que a su vez dio paso al Directorio. Napoleón cautivó la imaginación del pueblo francés y dirigió un ejército que le adoraba. Fue declarado consejero vitalicio, pero poco a poco se hizo evidente que era algo más que un simple representante del pueblo. Finalmente, los poderes de Francia reconocieron la realidad y Napoleón fue coronado emperador de Francia. La República Francesa estaba oficialmente muerta.

<u>El primer cónsul</u>

Sin embargo, todo esto no ocurrió de la noche a la mañana. Napoleón se hizo con el control del gobierno francés en el Golpe del 18 Brumario y creó el Consulado francés, del que fue el primer cónsul.[i]

---

[i] Anne S. K. Brown Military Collection. (2024, 4 de junio). Sátiras Napoleónicas. Extraído de library.brown.edu: https://library.brown.edu/cds/napoleon/time2.html.

Por aquel entonces, Francia libraba una guerra con la Segunda Coalición. Esta guerra enfrentó a Francia con una alianza de Austria, Gran Bretaña, Rusia, el Imperio Otomano, Portugal y Nápoles. Los aliados no podían comunicarse correctamente entre ellos, y Napoleón se aprovechó de su confusión. Llevó a su ejército a través de los Alpes en mayo de 1800 y derrotó a los austriacos en la batalla de Marengo el 14 de junio de 1800. Finalmente, Austria se vio obligada a pedir la paz y firmó el Tratado de Lunéville el 9 de febrero de 1801, que sacó a Austria de la guerra. Gran Bretaña y otros aliados siguieron luchando hasta que los británicos firmaron el Tratado de Amiens el 25 de marzo de 1802, que puso fin a la guerra.

Francia estaba en paz y Napoleón tuvo la posibilidad de impulsar algunas de las reformas que deseaba. No aceptaba bien las críticas y no apreciaba ninguna oposición. Se declaró primer cónsul vitalicio en agosto de 1802, pero quería más que eso. Napoleón redactó una nueva constitución que incluía la sucesión en caso de que tuviera un hijo, y cada vez estaba más claro que el tipo de gobierno que quería Napoleón no era revolucionario, sino más autoritario. Lo que realmente deseaba era una corona sobre su cabeza.

El Imperio de Francia

El éxito militar francés y los tratados que confirmaban sus conquistas ampliaron Francia de forma espectacular. Francia llegó a incluir Bélgica, Luxemburgo, Piamonte, Génova y el Ducado de Parma. El territorio alemán de la orilla izquierda del Rin también quedó bajo control francés. Y estas son solo las ganancias territoriales. Napoleón creó estados clientes, que incluían la República de Batavia, la República Italiana (más tarde Reino de Italia) y una reconfiguración de la Confederación Helvética.

En Italia, Napoleón disolvió la República de Venecia en 1797 e introdujo cambios drásticos en el mapa político de Italia. Creó la República Cisalpina en 1797 a partir de la unión de los estados del norte de Italia. Esculpió la República Ligur a partir de lo que antes era Génova. La República Romana surgiría tras la invasión de los Estados Pontificios, pero esa entidad política no duró mucho. En el sur de Italia se formó la República Partenopea, pero también se derrumbó. Finalmente, la República Cisalpina se incorporó a la República Italiana. El Reino de Italia absorbería más tarde a la mayoría de estas entidades, pero las fronteras políticas que habían perdurado durante siglos en Italia habían desaparecido por culpa de Napoleón.[i]

Los cambios en Alemania fueron más dramáticos. Antes de Napoleón, Alemania había sido una mezcolanza de principados, estados eclesiásticos y ciudades imperiales. Muchas de estas entidades políticas fueron absorbidas por otras más grandes, como Baviera, Baden y Wurtemberg. Esos estados recibieron territorio extra como recompensa por ser aliados fiables de Francia. Continuaron formando parte de la esfera de influencia francesa y proporcionaron las tropas necesarias para las campañas posteriores de Napoleón.

El Primer Imperio Francés en su apogeo en 1812[7]

---

[i] Marino Berengo, C. M. (2024, 4 de junio). Italy-The Napoleonic Empire 1804-14. Extraído de Britannica.com: https://www.britannica.com/place/Italy/The-acquisition-of-Venetia-and-Rome.

La reorganización incluyó la introducción de las reformas sociales y legales instituidas por la Revolución Francesa y el propio Napoleón. La forma tradicional de gobernar y de hacer las cosas fue destruida en cuestión de pocos años. Europa no había visto nada comparable a lo que hizo Napoleón desde la Reforma.

¡Vive l'Empereur!

Napoleón fue coronado emperador de Francia el 2 de diciembre de 1804. Sería fácil decir que la vanidad y la ambición personales motivaron a Napoleón a querer la corona imperial, pero había algo más que eso. El progreso personal era solo una de sus motivaciones.

Francia tenía éxito militar, pero su gobierno era un caos. El Directorio era corrupto e ineficaz. El orden y la estabilidad eran necesarios para que Francia prosperara. Napoleón fue capaz de estabilizar el gobierno como primer cónsul, y quería seguir haciendo cambios que, en su opinión, harían que Francia mejorase.

Es esencial recordar que Napoleón Bonaparte fue un verdadero agente del cambio. El Concordato de 1801 y el Código Napoleónico son ejemplos de su deseo de mejorar la sociedad francesa. Además, se creía protector de los ideales revolucionarios que se habían apoderado de Francia. Quería poder difundir esos principios. El título imperial le permitiría introducir reformas en sociedades lastradas por tradiciones y privilegios anticuados. Sin embargo, también quería una dinastía, y deseaba tener la gloria que conllevaba ser emperador. No obstante, utilizaría esa posición para introducir cambios sociales[i].

Napoleón hizo un movimiento significativo antes de que comenzaran las guerras napoleónicas. Vendió Luisiana, un vasto territorio en el continente norteamericano, a los recién fundados Estados Unidos. Se ha discutido mucho sobre cómo la Compra de Luisiana benefició a Estados Unidos y proporcionó al país valiosos recursos. La venta también benefició a Francia.

Había que decidir dónde concentraría Francia sus intereses. Luisiana era un territorio inmenso, pero habría que defenderlo. Los británicos estaban en la frontera norte, en Canadá, y podían invadir el territorio francés. Lo único que necesitaban los británicos era tomar Nueva

---

[i] Mark, H. W. (2023, 6 de julio). Coronación de Napoleon I. Extraído de World History Encyclopedia.com: https://www.worldhistory.org/article/2251/coronation-of-napoleon-i/.

Orleans; el resto del territorio sería entonces más una carga que una bendición.

Napoleón aprendió de los reveses franceses en la Revolución Haitiana, en la que murieron miles de soldados franceses. Se dio cuenta de que las Américas no eran cruciales para Francia[i]. La armada británica ya tenía suficientes problemas sin tener que defender extensas colonias de ultramar.

Las Guerras de Coalición

Las guerras Napoleónicas también se denominan guerras de Coalición porque se formaron varias coaliciones para luchar contra Francia. A veces, una potencia importante se tomaba un respiro y observaba cómo las demás luchaban por encontrar la forma de vencer a Napoleón.

Las razones de cada guerra variaron. Sin embargo, había temas comunes en casi todas ellas. Estas motivaciones nos ayudan a comprender la preocupación que Europa sentía por Napoleón.

- **Razones políticas y diplomáticas**

    Las potencias europeas anhelaban el statu quo. Las naciones no querían que un solo Estado dominara el continente. La Revolución Francesa amenazó este equilibrio, que se vio sustancialmente cuestionado cuando Napoleón se anotó una victoria tras otra en las guerras.

    Napoleón creó estados satélites que desafiaban la autoridad de potencias mayores, como Austria. Napoleón fue más allá al colocar a miembros de su familia en los tronos de estos nuevos estados.

    Los monarcas europeos creían que las ideas revolucionarias conducirían a la creación de repúblicas. La abolición de la monarquía amenazaría el poder de las clases dominantes. Ya existía una complicada tradición de alianzas y matrimonios reales, lo que significaba que los monarcas europeos estaban algo unidos entre sí.

---

[i]Britannica, T. E. (2024, 23 de mayo). Revolución Haitiana. Extraído de Britannica.com: https://www.britannica.com/topic/Haitian-Revolution.

- **Preocupaciones económicas y militares**

    Napoleón acabaría creando el Sistema Continental para restringir severamente el comercio, especialmente con Gran Bretaña. Este sistema convencería a Rusia de que se alejara de aliarse con Francia, ya que las dificultades económicas del país superaban gradualmente la neutralidad o la formación de una alianza con Francia.

    La amenaza militar que suponían los franceses era bastante real. El reclutamiento masivo y las novedosas tácticas militares de Francia triunfaron sobre las formas tradicionales europeas de librar guerras, y los ejércitos de la coalición no estaban preparados para contrarrestar eficazmente el genio militar de Napoleón.

    Francia fue un laboratorio social a principios del siglo XIX. La eliminación de las jerarquías tradicionales, la introducción de nuevos códigos legales y el perfeccionamiento de las prácticas administrativas hicieron que la élite social europea considerara estas innovaciones como amenazas a su modo de vida, lo que les animó a unirse en alianzas.

En resumen, fue una lucha entre lo nuevo y lo viejo. El Antiguo Régimen agonizaba, pero aún quedaban gobernantes que querían continuar con un orden social y político que les beneficiaba. Las razones para formar coaliciones cambiarían a lo largo de los años, pero parece que la vieja aristocracia de Europa estaba aterrorizada por Napoleón y haría lo que fuera para detenerle.

La Guerra de la Tercera Coalición (1805-1806): La causa

La creciente influencia de Napoleón en Italia y Alemania era alarmante, sobre todo para Austria. Existía la preocupación general de que Bonaparte no parara lo que estaba haciendo y pudiera influir en los

Un retrato de Napoleón[9]

súbditos descontentos para que se rebelaran. Hubo un incidente aislado que provocó aún más una respuesta.

Louis Antoine, duque de Enghien, era miembro de la Casa de Borbón. Quería anular los resultados de la Revolución Francesa. Hubo una conspiración llamada el asunto Cadoudal, que se descubrió en agosto de 1803. Los conspiradores planeaban secuestrar o asesinar a Napoleón. Se sospechó que el duque formaba parte del complot y Napoleón ordenó su detención. Aunque el príncipe Borbón vivía en Baden, fue secuestrado por soldados franceses y devuelto a Francia, donde fue juzgado y finalmente ejecutado. Su muerte provocó que Austria y Rusia se unieran para oponerse a Napoleón.

Gran Bretaña declaró la guerra a Francia el 18 de mayo de 1803. Napoleón tomó represalias apoderándose del Electorado de Hannover y organizando una invasión de Inglaterra. Reunió un ejército e intentó coordinar una rebelión irlandesa para distraer a los británicos. Había reunido a 120.000 hombres en Boulogne a principios de la primavera de 1804.

El resto de Europa se había mantenido al margen, pero la ejecución del duque de Enghien, la coronación de Napoleón como emperador y la anexión de Piamonte y Elba en 1805, que suponía una violación directa de los tratados con Austria, alarmaron a los europeos hasta el punto de que otras potencias estaban dispuestas a unirse a Gran Bretaña en una coalición contra Napoleón.

El primer ministro británico, William Pitt, empezó a buscar alianzas. En agosto de 1805, la Tercera Coalición tenía como miembros a Gran Bretaña, Suecia, Rusia, Austria, Nápoles y Sicilia. Napoleón contaba con sus estados clientes alemanes de Baden, Württemberg, Baviera, la República Bátava, el Reino de Italia, Etruria y España.

El plan de ataque de la Tercera Coalición consistía en que Austria enviara un ejército a Italia. Un segundo ejército marcharía sobre Baviera. Rusia debía reforzar al ejército que atacaba Baviera. Desgraciadamente, los rusos se vieron obstaculizados por las malas carreteras del este de Europa y se movían con lentitud. No estarían disponibles durante un largo periodo, lo que ayudó al emperador francés.

El paso rápido de la Grande Armée

Napoleón no esperaba a que las cosas sucedieran. Canceló sus planes de invadir Inglaterra para responder a la situación en Europa. Ordenó que un ejército avanzara hacia Italia para controlar allí a los austriacos.

Napoleón comenzó a moverse rápidamente con el resto del ejército, cruzando el Rin el 25 de septiembre de 1805. Esto sorprendió a la Tercera Coalición, que pensaba que Napoleón no abandonaría la invasión de Inglaterra. Ahora se enfrentaban a un ejército francés de cerca de 210.000 hombres en el centro de Alemania que se dirigía rápidamente hacia el este. El ejército austriaco, al mando del general austriaco Karl Mack von Leiberich, contaba con unos setenta y dos mil hombres.

El avance de Napoleón a través de Alemania demostró lo rápido que podía moverse el ejército francés. No tenía que preocuparse por los carros de suministros porque sus tropas vivían de la tierra y los cuerpos se movían de forma semindependiente unos de otros. Napoleón cubrió un terreno considerable, más de lo que podía hacerlo un ejército ordinario de la época. En once días, el 7 de octubre de 1805, los franceses estaban a orillas del Danubio. Mack tendría dificultades para responder a esto[1].

Napoleón no dejaba piedra sobre piedra y disponía de una excelente inteligencia. Los reconocimientos y una red de espías le mantenían informado de los movimientos de sus enemigos, por lo que conocía bien la preparación de las tropas austriacas. Armado con este particular, Napoleón pudo realizar su siguiente movimiento.

<u>La campaña de Ulm</u>

Mack no estaba tan bien informado como Napoleón. El general austriaco seguía esperando la llegada de los rusos. Mack pensaba que el ejército francés no era mayor que el suyo. No tenía ni idea de que Napoleón avanzaba con una fuerza casi tres veces mayor que la suya.

Napoleón cruzó el Danubio sin que Mack se diera cuenta. La Grande Armée fue protegida por su caballería y se dirigió a la retaguardia de la fuerza austriaca, cortando eficazmente cualquier posibilidad de retirada. A través de varios enfrentamientos, Napoleón obligó gradualmente a los austriacos a avanzar hacia la ciudad de Ulm el 15 de octubre. La artillería francesa empezó a disparar al día siguiente, y Mack se dio cuenta de que él y sus hombres estaban rodeados. No había señales de los rusos. Mack sabía que la situación era desesperada. Así

---

[1] Mark, H. W. (2023, 18 de julio). Guerra de la Tercera Coalición. Extraído de World History Encyclopedia: https://www.worldhistory.org/War_of_the_Third_Coalition/.

que se rindió el 20 de octubre. Napoleón había ganado la campaña sin tener que librar una gran batalla[i].

Una ilustración de Mack rindiéndose a Napoleón°

La Tercera Coalición fue derrotada, pero no estaba fuera de combate. Los rusos, al mando de Mijaíl Kutuzov, alcanzaron finalmente el punto de encuentro acordado, pero se retiraron. El camino hacia Viena estaba abierto, y Napoleón entró en la capital austriaca el 13 de noviembre de 1805. Los austriacos y los rusos se reagruparon en Olmutz y tenían noventa mil hombres listos para luchar. Además, el archiduque austriaco Carlos subía desde Italia con ochenta mil hombres. Napoleón tenía que moverse rápidamente, o de lo contrario se vería abrumado por una fuerza superior.

Listo para el engaño

El ejército de la Coalición planeaba cortar a Napoleón sus líneas de comunicación y forzarle a una batalla decisiva. Napoleón utilizó una estrategia de engaño para confundir a su enemigo. Detuvo su avance y permitió que la Coalición reaccionara. Kutuzov avanzó, y Napoleón adelantó al comandante ruso moviéndose varias millas al sureste de Brunn. Pudo disimular el movimiento de sus tropas y concentró a casi setenta y tres mil hombres detrás del río Goldbach.

---

[i] Britannica, E. o. (2024, 14 de mayo). Batalla de Ulm. Extraído de Britannica.com: https://www.britannica.com/event/Battle-of-Ulm.

Napoleón hizo todo lo posible para engañar a los rusos haciéndoles creer que los franceses estaban en una posición débil y vulnerable al ataque. Utilizó la desinformación para pintar un cuadro de baja moral francesa y lo agravó hablando abiertamente de la posibilidad de retirarse de la zona. Sus ardides funcionaron. Las fuerzas de la Tercera Coalición comenzaron a maniobrar en posición para una batalla. El drama tendría lugar en Austerlitz, una ciudad situada en lo que hoy es la República Checa.

Batalla de Austerlitz

La batalla de Austerlitz se conoce comúnmente como la batalla de los Tres Emperadores, ya que estuvieron presentes el emperador Francisco de Austria, el zar Alejandro de Rusia y el emperador Napoleón Bonaparte. Los franceses estaban en inferioridad numérica; Austria y Rusia tenían aproximadamente noventa mil soldados en posición. Los comandantes de la Coalición confiaban en una victoria gracias a la actividad engañosa de Napoleón. Se reunirían en consejo de guerra el 1 de diciembre de 1805 para decidir qué hacer al día siguiente.

El emperador Francisco y Kutuzov querían adoptar una actitud prudente. Alejandro, por su parte, tenía ganas de pelea. Finalmente se decidió que se atacaría el flanco derecho francés. La mayoría de las tropas de la Coalición se desplegarían en esa zona. No sabían que Napoleón había debilitado deliberadamente ese punto de su línea para favorecer un asalto. Las alturas de Pratzen estaban estratégicamente situadas, y Napoleón abandonó ese terreno elevado para atraer aún más un ataque enemigo. La batalla comenzó al día siguiente, el 2 de diciembre.

Las fuerzas coaligadas mordieron el anzuelo y lanzaron un gran asalto sobre las Alturas de Pratzen. Al hacerlo, provocaron que su flanco derecho y su centro fueran vulnerables. Las fuerzas de la Coalición capturaron los Altos de Pratzen, pero Napoleón ordenó un contraataque con sus reservas, que abrumó al ejército de la Coalición. Napoleón dirigió su atención hacia el sur y obligó al ejército de la Coalición a retroceder. Poco a poco, los soldados de la Coalición entraron en pánico y abandonaron el campo. La lucha había terminado. Los franceses habían ganado[i].

---

[i] New World Encyclopedia. (2024, 4 de junio). Batalla de Austerlitz. Extraído de New World Encyclopedia.org: https://www.newworldencyclopedia.org/entry/Battle_of_Austerlitz.

Austerlitz fue la victoria más importante que obtuvieron Napoleón y su ejército en las guerras Napoleónicas. Austria firmó una tregua con Francia el 4 de diciembre, y el Tratado de Presburgo, firmado el 26 de diciembre, puso fin a la participación de Austria. Napoleón no tenía ningún deseo de perseguir a los rusos, así que Alejandro y su ejército pudieron volver a casa con el rabo bien metido entre las piernas. Napoleón había destruido a un enemigo mayor en solo tres meses.

La guerra de la Tercera Coalición puso de manifiesto la Grande Armée de Napoleón y su capacidad para ser una fuerza de combate letal. Si sus enemigos no le habían temido antes, ahora sin duda le tenían terror.

Hasta el momento, Napoleón Bonaparte había demostrado ser invencible en el campo de batalla. Sin embargo, luchar en el agua era otra historia.

Capítulo 5: La batalla de Trafalgar: la derrota de Napoleón en el mar

Gran Bretaña estaba orgullosa de su armada, que era la mejor del mundo. La nación también confiaba en sus barcos como primera línea de defensa. Gran Bretaña no compartía fronteras con otras naciones, pero el vasto océano garantizaba que el país pudiera ser atacado desde cualquier lugar. La flota tenía que estar preparada para responder a cualquier posible amenaza.

Para estar preparada, la Marina Real tenía que estar a la última, lo que significaba mantenerse al día de las tendencias e introducir innovaciones antes que otras marinas. Las guerras napoleónicas produjeron cambios tecnológicos tanto en el mar como en tierra. La *Royal Navy* respondió en consecuencia.

Se produjo un desarrollo significativo en los astilleros navales, especialmente en los de Portsmouth. Gran Bretaña invirtió mucho en la creación de diques húmedos y secos, lo que permitió a la marina acelerar la reparación de los barcos. Además, los marineros británicos fueron entrenados para realizar trabajos de reparación en el mar, de modo que los buques de combate estaban constantemente en servicio activo[i].

---

[i] Hicks, P. (2024, 4 de junio). The Royal Navy, 1793-1802. Extraído de Napoleon.org:

La principal pieza de artillería utilizada por la Royal Navy era la carronada. Se trataba de un cañón de ánima lisa de hierro fundido que se introdujo por primera vez en la década de 1770. Era un arma de corto alcance, antibuque y antibuque. Su alcance era aproximadamente la mitad que el de un cañón largo y utilizaba una carga propulsora mucho menor para disparar balas de cañón y perdigones. Esto no era un problema porque los cañonazos de corto alcance eran una táctica naval estándar. Como esta pieza de artillería era más ligera y requería una tripulación reducida, permitía que un buque de línea llevara más cañones[i].

Había una necesidad apremiante de construir barcos más grandes que pudieran llevar más cañones. Un buque de guerra estándar tendría dos cubiertas de cañones completas, la superior con 24 libras y la inferior con 32 libras. Tres cubiertas de cañones no eran infrecuentes.

El HMS *Victory* es un ejemplo de buque de primera clase[ii] que contaba con 104 cañones. Otros barcos, como el HMS *Royal Sovereign* y el HMS *Britannia*, tenían cien cañones. El efecto de una andanada de cualquiera de estos buques de guerra era devastador[iii] La Royal Navy disponía de otros tipos de buques de guerra y balandras con cañones de 12 ó 24 libras; éstos se utilizaban a menudo para localizar a los corsarios en mar abierto.

Durante las guerras napoleónicas, la Royal Navy utilizaba mejores cronómetros que otras naciones, lo que aumentaba la eficacia de la flota. Sus tácticas de batalla también eran agresivas. Un ejemplo excelente es la conducta de la Royal Navy en Trafalgar, de la que hablaremos dentro de un momento.

La leva, el secuestro de hombres para servir en los barcos, era una práctica común, pero había algunas ventajas para que una persona se ofreciera voluntaria. La Marina Real protegía a un hombre de sus acreedores si la deuda era inferior a 20 libras. Esto significaba que al alistarse en la marina, un hombre con deudas podía evitar acabar en una

---

https://www.napoleon.org/en/history-of-the-two-empires/articles/the-british-navy-1793-1802/.

[i] Un navío de línea era una enorme batería de artillería flotante. Eran los buques de guerra dominantes de su época.

[ii] Un buque de primera es el barco más grande de la flota de la Royal Navy.

[iii] Ernest McNeil Eller, R. L. (2024, 4 de junio). Barcos de línea. Extraído de Britannica.com: https://www.britannica.com/technology/naval-ship/Ship-of-the-line.

prisión para deudores. El Parlamento aprobó las Leyes de Cuotas para garantizar que la armada tuviera suficiente mano de obra. Cada condado tenía que suministrar una cuota de hombres a la marina. También era práctica común que a un criminal condenado se le diera la opción de ir a la cárcel o servir en la marina. Gran Bretaña hizo todo lo necesario para conseguir hombres a bordo de los barcos[i].

Estos hombres debían ser dirigidos por buenos oficiales y comandantes que supieran lo que hacían. Gran Bretaña llevó a cabo varias operaciones navales importantes durante las guerras napoleónicas. Su mayor recurso fue un hombre que destacó por su brillantez náutica.

Horacio el Grande

Las guerras Napoleónicas produjeron dos hombres de un genio militar único. Nunca se enfrentaron en batalla, pero ambos contribuyeron significativamente al arte de la guerra. El primero fue Napoleón Bonaparte. El segundo fue un marino llamado Horacio Nelson.

El poeta Lord Byron le llamó «El Dios de la Guerra de Britannia». Horacio Nelson está considerado el mejor comandante naval de la historia británica. Su marinería era materia de leyenda, lo cual tiene sentido. Después de todo, Nelson frustró casi en solitario los esfuerzos de Napoleón por invadir Gran Bretaña.

Nelson nació el 18 de septiembre de 1758 en Norfolk y aprovechó los contactos familiares para alistarse en la marina cuando solo tenía doce años. Los viajes por mar llevaron al joven Nelson a las Indias Occidentales y al mar del Norte cuando aún era un adolescente. En una época en la que el talento significaba más que los años, Nelson recibió el mando del HMS *Badger*. Solo tenía veinte años.

En los últimos años del siglo XVIII, la Marina Real era enorme. Más de 660 barcos enarbolaban la Union Jack, que era más que las armadas de Francia y España juntas. Aproximadamente 100.000 hombres formaban parte de sus filas. Ese impresionante número representaba un reto para hombres ambiciosos como Horacio Nelson[ii]. Todos esos barcos significaban que había miles de oficiales intentando progresar en sus carreras navales. No sería fácil para Nelson porque no tenía los años

---

[i] Hicks, P. The Royal Navy, 1793-1802.
[ii] Hicks, P. The Royal Navy, 1793-1802.

de servicio ni las conexiones aristocráticas de las que disfrutaban otros. Tendría que encontrar otra forma de llegar a la cima.

Por supuesto, una forma de hacerlo es meterse en el fragor de una batalla y arriesgarse a morir. Horacio Nelson no tenía miedo. De hecho, era conocido por su increíble valor y era el tipo de oficial que lideraba desde el frente. Sin embargo, su valor personal tuvo un precio. Nelson perdió un ojo y un brazo, entre otras heridas, mientras defendía a su país.

Llegó a ser conocido como alguien que inspiraba lealtad a los oficiales que mandaba. Nelson estaba especialmente unido a los capitanes de los barcos de su flota. Se refería a ellos como su banda de hermanos, y le admiraban con amor y respeto. La capacidad de Nelson para conectar con sus hombres y ser valiente frente al fuego enemigo le permitió ascender a los más altos rangos de la Royal Navy[i].

Un retrato de Horacio Nelson[10]

---

[i] Setterfield, R. (2019, 18 de noviembre). Horacio Nelson: De niño frágil a héroe nacional. Extraído de Onthisday.com: https://www.onthisday.com/articles/horatio-nelson-from-frail-boy-to-national-hero.

Excelentes mentores

Dos hombres excepcionales forjaron la visión de Horacio Nelson sobre la guerra y las tácticas de batalla. El primero fue su tío, que ayudó a que Nelson ingresara en la marina en primer lugar. El capitán Maurice Suckling instruyó a su sobrino sobre la importancia de comprender las tácticas de los cañones y lo crucial que era una buena marinería para el éxito. Los primeros años de Nelson en el mar incluyeron un tiempo en el Mediterráneo y el servicio durante la Guerra Revolucionaria Americana. Sirvió a las órdenes del almirante Lord Hood. Gracias a Hood, Nelson recibió experiencia de mando y estuvo expuesto a diversas estrategias navales y tácticas de batalla. La sorpresa y la agresión fueron dos lecciones primordiales que aprendió. Cuando estalló la Revolución Francesa, Horacio Nelson llevaba casi veinte años en la marina. Casi la mitad de ese tiempo lo había pasado como comandante de un barco. Era un veterano bien curtido.

Combatiendo a los revolucionarios franceses

Al comienzo de la Revolución Francesa, los buques de la Royal Navy eran los muros de madera que protegían a Gran Bretaña de cualquier invasión importante. La armada también se encargaba de proteger las rutas comerciales, esenciales para la supervivencia económica de Gran Bretaña.

Hubo encuentros con los franceses durante esta época. El primero fue la batalla de Ushant, también conocida como el Glorioso Primero de Junio, librada el 1 de junio de 1794 en el extremo suroccidental del Canal de la Mancha. Un convoy de grano navegaba hacia Francia y la flota británica al mando de lord Richard Howe se movilizó para interceptarlo. Ambos bandos se atribuyeron la victoria; los británicos hundieron siete barcos franceses, pero los franceses pudieron hacer pasar el convoy de grano por puertos amigos.

Una innovación táctica hizo que esta batalla fuera memorable. Normalmente, las flotas enfrentadas se alineaban en fila frente a frente y procedían a bombardearse. El comandante británico Lord Howe hizo algo diferente. En lugar de formar una línea de batalla, Howe ordenó a sus barcos que atacaran directamente a los franceses. Cada barco británico recibió la orden de enfrentarse al barco enemigo que tuviera más cerca, lo que sorprendió a los franceses.

Otra batalla significativa fue la del Cabo de San Vicente, que tuvo lugar el 14 de febrero de 1797. Fue un encuentro entre la flota británica, comandada por el almirante John Jervis, y la flota española frente al cabo de San Vicente, en Portugal. Nelson fue uno de los principales protagonistas de este enfrentamiento.

Haciendo gala de la audacia que le caracterizaba, Nelson actuó de forma independiente y se separó de la línea británica para atacar a los barcos españoles. Navegó hacia las escuadras enemigas y, en un momento dado, al menos según la leyenda, estuvo luchando contra siete buques españoles. Nelson abordó y capturó personalmente un barco y luego abordó y tomó otro. Sus acciones le valieron el título de caballero y se convirtió en una celebridad nacional. También fue ascendido a contralmirante[1].

Batalla del Nilo

Este enfrentamiento, también conocido como la batalla de la bahía de Aboukir, se libró del 1 al 3 de agosto de 1798. Nelson perseguía a una flota francesa que transportaba una fuerza expedicionaria al mando de Napoleón Bonaparte para invadir Egipto. Iba pisando los talones a los barcos franceses y no logró alcanzarlos en varias ocasiones. Los franceses lograron desembarcar en Egipto y fondearon en la bahía de Aboukir.

En cuanto Nelson avistó los navíos franceses, ordenó un ataque. Dividió su flota en dos escuadras, una pasó entre los franceses y la costa y la otra atacó por el lado del mar. La flota francesa fue destruida y Napoleón quedó varado en Egipto. Nelson había demostrado de nuevo su audacia.

Batalla de Copenhague

La batalla de Copenhague se libró el[2 de] abril de 1801 en el puerto de la capital danesa.

La Liga de la Neutralidad Armada era una alianza cuyos miembros eran Dinamarca, Suecia, Prusia y Rusia. Su intención era proteger el comercio de las naciones miembros y cortar el suministro de valiosa madera a Gran Bretaña. Se envió una flota británica al Báltico para romper la coalición y neutralizar a la armada danesa.

---

[1] Pock, T. (2024, 4 de junio). Batallas del Cabo de San Vicente y del Nilo. Extraído de Britannica.com: https://www.britannica.com/biography/Horatio-Nelson/Battles-of-Cape-St-Vincent-and-the-Nile.

Hubo un intento de resolver diplomáticamente los problemas, pero no llegó a ninguna parte. Nelson decidió actuar y lanzar un ataque contra los barcos daneses y noruegos protegidos por baterías costeras. El almirante al mando británico, Sir Hyde Parker, le ordenó retirarse. Una leyenda de la batalla dice que Parker hizo la señal a Nelson, ordenándole que interrumpiera el ataque. Nelson era ciego de un ojo y miraba por su telescopio utilizando su ojo ciego. Afirmó que no había visto la señal de Parker y continuó la lucha. Finalmente, el almirante británico tuvo éxito y negoció un armisticio indefinido. Una vez más, Horacio Nelson era el hombre del momento.

Un gran engaño

Trafalgar está reconocida como una de las quince batallas más decisivas de la historia mundial. Fue un enfrentamiento épico entre la Royal Navy y la flota combinada franco-española. Tuvo repercusiones en las guerras Napoleónicas y fue la piedra angular de la carrera de Horacio Nelson. Esta batalla no fue un hecho aislado, sino que formaba parte de una estrategia que, de haber tenido éxito, podría haber desembocado en la invasión y conquista de Gran Bretaña por parte de Napoleón.

A principios del siglo XIX se produjo una especie de carrera armamentística. Los británicos tenían superioridad naval y los franceses intentaban igualar el tamaño de la Royal Navy. Los franceses pudieron acercarse a ello intimidando a España para que firmara una alianza que permitiera combinar las flotas francesa y española. La posibilidad de igualar a los británicos uno a uno ayudaría a Napoleón en uno de sus planes militares más ambiciosos.

Napoleón quería a Gran Bretaña fuera de su camino. Consideraba a los británicos una molestia y una distracción para sus planes continentales. Por desgracia para él, el océano protegía al país insular. Bonaparte necesitaría neutralizar a la flota británica el tiempo suficiente para lanzar una invasión masiva de Gran Bretaña. Tenía una idea que estaba convencido de que podría funcionar.

Napoleón planeaba engañar a la Royal Navy para que Gran Bretaña se volviera vulnerable a un ataque. Lo que el emperador francés tenía en mente era que la flota francesa con base en Tolón burlara el bloqueo británico de ese puerto y saliera a aguas abiertas del Mediterráneo. Desde allí, los franceses se reunirían con la flota española y navegarían hacia el Caribe. Napoleón apostó a que los británicos morderían el anzuelo y perseguirían a la flota franco-española hasta las Américas.

Finalmente, los barcos franco-españoles darían media vuelta y regresarían a toda velocidad al Canal de la Mancha y se reunirían con las escuadras francesa y española. Napoleón tendría así el control del Canal de la Mancha durante unos días hasta que llegaran los barcos británicos que le perseguían. Esos pocos días serían suficientes para que Napoleón transportara su enorme ejército de Boulogne a través del Canal e invadiera Inglaterra.

El comandante de la flota francesa, el vicealmirante Pierre-Charles de Villeneuve, zarpó de Tolón a finales de marzo de 1805. Nelson, que estaba al mando de buques en el Mediterráneo, pensó que los franceses se dirigían hacia Egipto. Más tarde se enteró de que se dirigían hacia las Indias Occidentales y los persiguió, pero los franceses llevaban tres semanas de ventaja.

Villeneuve llegó hasta Martinica, pero dio media vuelta para regresar a Europa cuando descubrió que Nelson había llegado al Caribe. En lugar de dirigirse directamente al Canal de la Mancha, el almirante francés navegó con sus barcos hasta Cádiz, España[i].

Los barcos de Villeneuve anclaron en el puerto gaditano y Nelson estableció un bloqueo. Napoleón se enfadó con Villeneuve y ordenó al almirante que saliera de Cádiz, navegara hasta Nápoles y apoyara la actividad francesa en Italia. Villeneuve dudó y pasó el final del verano atrapado en el puerto español. Finalmente recibió la noticia de que corría peligro de ser sustituido, lo que le impulsó a actuar. Ordenó a su flota zarpar el 19 de octubre de 1805.

Nelson estaba al corriente de lo que hacía Villeneuve y preparó sus barcos. Ordenó una persecución general y, el 21 de octubre, la flota británica se encontraba a pocas millas de los barcos franco-españoles. Villeneuve contaba con treinta y tres navíos de línea y Nelson con veintisiete. A pesar de estar en inferioridad numérica, Nelson tenía una confianza suprema en los hombres y oficiales que mandaba. A las 11:48 de la mañana, izó las señales que más tarde fueron conmemoradas: «Inglaterra espera que cada hombre cumpla con su deber».

---

[i] Encyclopedia.com. (2018, 23 de mayo). Batalla de Trafalgar. Extraído de Encyclopedia.com: https://www.encyclopedia.com/history/modern-europe/wars-and-battles/battle-trafalgar.

El mensaje era el siguiente: «Entablen combate con el enemigo más de cerca»[i].

El combate estaba a punto de comenzar.

La batalla de Trafalgar

Horacio Nelson rara vez seguía las reglas, y su plan de batalla no era estándar. No colocaba sus barcos en una línea paralela al enemigo para los abordajes. En su lugar, Nelson dividía sus barcos en dos columnas y ordenaba a sus capitanes que rompieran la línea contraria perpendicularmente. Esto facilitaría el combate cuerpo a cuerpo, que era donde mejor se desenvolvían los marinos británicos. Sería una maniobra complicada, pero Nelson tenía mucha fe en sus capitanes.

Nelson dirigió una columna en su buque insignia, el HMS *Victory*, y rompió la línea enemiga. La batalla se convirtió rápidamente en enfrentamientos entre barcos individuales, y el HMS *Victory* atacó al buque insignia francés, el *Bucentaure*. El ataque de Nelson al buque insignia enemigo interrumpió las comunicaciones de la flota franco-española. La batalla se prolongó durante toda la tarde del 21 de octubre. Villeneuve se rindió a la 1:45 p. m., y la lucha terminó a las 4:30 p.m. Nelson había obtenido una victoria asombrosa. Sería la última.

El vicealmirante caminaba por la cubierta de su barco cuando fue abatido por un francotirador francés que disparaba desde el *Redoubtable* aproximadamente a la 1:15 p. m. La bala atravesó el hombro y el pecho de Nelson. Recibió la noticia de que los británicos habían ganado la batalla y sus últimas palabras fueron: «Ahora estoy satisfecho. Gracias a Dios he cumplido con mi deber». Con ello murió el mayor comandante naval de la historia británica[ii].

Horacio Nelson había dado su ojo, un brazo y su vida al servicio de su país. La flota franco-española en Trafalgar sufrió una terrible derrota. Veintidós barcos fueron capturados o destruidos. Los británicos no perdieron ni un solo barco.

Las consecuencias de la victoria fueron importantes. Gran Bretaña tenía el control total del mar y el plan de Napoleón de invadir Gran

---

[i] Royal Navy. (2024, 4 de junio). Trafalgar Day. Extraído de Royalnavy.mod.uk: https://www.royalnavy.mod.uk/news-and-latest-activity/events/national/171021-trafalgar-day.

[ii] Pocock, T. (2024, 4 de junio). Horacio Nelson en Trafalgar. Extraído de Britannica.com: https://www.britannica.com/biography/Horatio-Nelson/Victory-at-Trafalgar.

Bretaña quedó destruido. La armada francesa no sería un factor significativo en el resto de las guerras napoleónicas. Napoleón volvería su atención a la Europa continental. Aunque los franceses perdieron en Trafalgar, estaban ganando en tierra. Por ejemplo, Napoleón ganaría en Austerlitz solo unas semanas después. Su estrella seguía ascendiendo, pero acabaría cometiendo un grave error.

Capítulo 6: El cenit de Napoleón

Apenas se había secado la tinta del tratado que puso fin a la guerra de la Tercera Coalición cuando se creó otra alianza para oponerse a Francia. La Cuarta Coalición incluía a Prusia, Rusia, Gran Bretaña, Sajonia y Suecia. Cada uno tenía sus razones para buscar una lucha con Napoleón. La agenda de cada uno refleja la dinámica política que estaba teniendo lugar en Europa y la amenaza que Napoleón suponía para el statu quo.

Prusia interviene

Prusia se mantuvo al margen de las guerras de la Segunda y la Tercera Coalición, observando el desarrollo de los acontecimientos desde la seguridad de la neutralidad. No tomar partido era una buena idea, pero no sentó bien a la clase alta y a los militares prusianos. Estos aristócratas y generales creían que Prusia debía desempeñar un papel dominante en los asuntos alemanes, y la creación por Napoleón de la Confederación del Rin les perturbaba. Estaban ansiosos por reafirmar la influencia prusiana en Europa central.

La maldición de Federico

Federico el Grande era un genio militar. Reinó en el siglo XVIII. Sus tácticas y estrategias de batalla en la guerra de Sucesión Austriaca y más tarde en la guerra de los Siete Años fueron admiradas y estudiadas. La reputación de Prusia por su excelencia marcial provenía de los logros de Federico. En 1806, esto resultó ser un albatros alrededor del cuello de Prusia.

Veinte años después de la muerte de Federico, el ejército prusiano había cambiado muy poco. Los generales se adherían a las tácticas de batalla del gran rey y no veían ninguna razón para cambiar. Las hazañas de Federico hicieron que los prusianos tuvieran un exceso de confianza. Estaban convencidos de que un ejército prusiano bien disciplinado era más que rival para una multitud de reclutas franceses.

Sin embargo, los prusianos estaban cometiendo un terrible error. Los soldados prusianos no habían entrado en combate desde 1795, mientras que los regimientos franceses habían combatido casi constantemente. Por lo menos, los franceses eran veteranos curtidos. Los prusianos, sin embargo, seguían creyendo que serían superiores en el campo de batalla, y también creían en sus propias leyendas.

También estaba la cuestión del honor nacional. Muchos prusianos, especialmente los del cuerpo de oficiales, se sentían humillados por no haber participado en las anteriores guerras de coalición. Estas personas creían que podrían haber marcado la diferencia y haber detenido a Napoleón. Los prusianos no habían prestado mucha atención a los franceses y caminaban confiados hacia un desastre.

Rusia

Rusia seguía en guerra con Francia cuando se formó la Cuarta Coalición. Los rusos habían sido derrotados en Austerlitz, por lo que conocían la fuerza del ejército francés. Sin embargo, Rusia estaba preocupada por la creación de la Confederación del Rin y la creciente influencia de Francia en Europa. Al gobierno del zar le preocupaba que Napoleón extendiera sus intereses a Europa oriental, una zona que formaba parte de la esfera de influencia rusa[i].

También había una cuestión de prestigio personal. El zar Alejandro I creía que Rusia debía ser un actor principal en el mantenimiento del statu quo de Europa. Consideraba que Rusia debía servir de contrapeso a Napoleón. Además, Alejandro tenía aspiraciones de gloria militar a pesar de la humillante derrota de los rusos en Austerlitz.

---

[i] Mark, H. W. (2023, 28 de julio). Guerra de la Cuarta Coalición. Obtenido de World History Encyclopedia: https://www.worldhistory.org/War_of_the_Fourth_Coalition/.

La ayuda esterlina de Gran Bretaña

Gran Bretaña disponía de una enorme armada, pero su ejército era considerablemente menor. La Marina Real podía controlar el mar y proteger las rutas comerciales de la Cuarta Coalición durante la guerra, pero había algo más que Gran Bretaña aportaba y que constituía una contribución considerable al esfuerzo bélico: la libra esterlina.

Los estragos de la guerra no afectaron a la economía británica y el comercio de ultramar del país prosperó. La armada francesa ya no podía impedir que los barcos británicos transportaran mercancías a ultramar, y Gran Bretaña disponía de los medios financieros para llevar a cabo una guerra sin sufrir bajas significativas.

El sistema bancario británico era superior a cualquier otro del continente. Podía subvencionar a sus aliados sin tensar la economía. Se utilizaron prestamos e impuestos gubernamentales para financiar los gastos ocasionados por las guerras napoleónicas, que, al final de los conflictos, ascendían a más de 1.600 millones de libras esterlinas. Gran Bretaña no pudo proporcionar grandes ejércitos hasta más avanzada la guerra, pero su apoyo financiero valió por todo un cuerpo de ejército[i].

La participación británica en la Cuarta Coalición continuó su hostilidad con Francia. Esa animosidad mutua fue suficiente para que Gran Bretaña se aliara contra Francia, y frenar el expansionismo de Napoleón formaba parte de la política nacional británica.

Los otros

Suecia desempeñó un papel menor en la Cuarta Coalición. Su principal preocupación era contrarrestar a Napoleón y preservar el papel dominante de Suecia en el norte de Europa. Sajonia estaba en la guerra como aliada de Prusia y más tarde cambiaría de bando.

Comienza la guerra

Prusia lanzó un ultimátum a Napoleón el 1 de octubre de 1806. Los prusianos exigían que se retiraran todas las tropas francesas de la orilla occidental del Rin. Además, Napoleón debía reconocer la Confederación del Norte de Alemania, que Prusia dominaba. Napoleón estaba dispuesto a reconocer la confederación, pero el partido de la guerra en Prusia exigía que se actuara. El 9 de octubre de 1806, el rey

---

[i] Colley, L. J. (2024, 8 de junio). Las guerras napoleónicas. Extraído de Britannica.com: https://www.britannica.com/place/United-Kingdom/The-Napoleonic-Wars.

Federico Guillermo III de Prusia declaró formalmente la guerra a Francia.

Los términos del ultimátum de Prusia sugieren que fue redactado para dejar a Napoleón pocas opciones salvo ignorarla, dando así una razón legítima a Prusia para declarar la guerra. En cualquier caso, la declaración fue estratégicamente un error. Ya había tropas francesas en Alemania. Napoleón podía responder inmediatamente. De hecho, Napoleón se había anticipado a la declaración de guerra, y el 8 de octubre, la Grande Armée cruzó a Sajonia. Los combates propiamente dichos comenzaron antes de lo que esperaban los prusianos[i].

Prusia subestimó la rapidez con la que podía moverse la Grande Armée. La guerra convencional suponía que pasarían varias semanas antes de que los grandes ejércitos pudieran enfrentarse entre sí. Prusia se enfrentaría a Francia sin el apoyo de Rusia, que aún se estaba reubicando.

Napoleón marchó con su ejército en tres columnas separadas hacia el sur de Turingia. Cada cuerpo estaba a una distancia de apoyo fácil del otro, lo que permitía al ejército francés ser lo bastante flexible para enfrentarse al enemigo en cualquier condición. El primer contacto entre prusianos y franceses se produjo el 9 de octubre de 1806, en la batalla de Schleiz, y hubo otro enfrentamiento el 10 de octubre en Saalfeld[ii].

Los prusianos siguieron sus procedimientos militares tradicionales y se vieron sorprendidos por el rápido movimiento de Napoleón. Los prusianos perdieron a su popular comandante, el príncipe Luis Fernando, en la batalla de Saalfeld y se retiraron a Jena.

Batalla de Jena-Auerstedt

La guerra solo llevaba cinco días cuando se produjo la decisiva batalla de Jena-Auerstedt el 14 de octubre.

Para aprovechar el campo de Jena-Auerstedt, Napoleón hizo que sus cuerpos ejecutaran un movimiento de flanqueo hacia el norte y el este. Un cuerpo al mando del mariscal Louis-Nicolas Davout superó a los prusianos y los derrotó. Los intentos prusianos de contraatacar con éxito

---

[i] Mark, H. W. Guerra de la Cuarta Coalición.

[ii] Anónimo. (2024, 8 de junio). Guerra de la Cuarta Coalición. Extraído de Resources.saylor.org: https://resources.saylor.org/wwwresources/archived/site/wp-content/uploads/2011/05/War-of-the-Fourth-coalition.pdf.

fracasaron, y Federico Guillermo III ordenó finalmente una retirada. La caballería del mariscal Murat persiguió a los prusianos en retirada. Miles de prusianos fueron capturados o abatidos.

Los prusianos sufrieron una derrota total en estas dos batallas. Los franceses persiguieron al ejército derrotado, impidiéndole reagruparse para contraatacar. Napoleón entró en Berlín, la capital de Prusia, el 24 de octubre de 1806. Federico Guillermo III aún quería luchar y huyó a Königsberg. Lo que quedaba del ejército prusiano fue destruido poco a poco, mientras los mariscales franceses, Bernadotte, Soult y Marat, les perseguían. El general prusiano Gebhard von Blücher rindió su mando el 7 de noviembre de 1806, mientras Lübeck caía en manos de los franceses[i].

El Decreto de Berlín, promulgado el 21 de noviembre de 1806, puso de relieve la estancia de Napoleón en Berlín. Esta orden imperial ordenó el embargo de todos los bienes comerciales británicos en aquellos territorios controlados o aliados de los franceses. El emperador francés también aprovechó este tiempo para llegar a un entendimiento con el Electorado de Sajonia. Sajonia se unió a la Confederación del Rin y posteriormente se convirtió en un reino alemán[ii].

<u>La campaña polaca</u>

Los prusianos fueron eliminados como amenaza efectiva, pero los rusos permanecieron. Los rusos no pudieron ayudar antes a los prusianos, pero en diciembre de 1806 se habían enviado tropas rusas para reforzar lo que quedaba de la resistencia prusiana. La fuerza rusa contaba con casi ochenta mil hombres. Todavía había algunos problemas logísticos, y el rápido avance francés hizo que las tropas se movieran antes de estar listas, pero los rusos estaban en marcha. Estaban bajo el mando del general Levin August von Bennigsen. Los combates que se avecinaban tendrían lugar en Polonia y Prusia Oriental[iii].

Polonia había soportado la humillación de ser dividida gradualmente en 1772, 1793 y 1795. Napoleón entró en Varsovia el 19 de diciembre al son de los vítores de la multitud. Los polacos esperaban que el

---

[i] Mark, H. W. (2023, 19 de junio). Batalla de Jena-Auerstedt. Extraído de World History Encyclopedia: https://www.worldhistory.org/article/2256/battle-of-jena-auerstedt/.

[ii] Mark, H. W. Batalla de Jena-Auerstedt.

[iii] Napoleón y el Imperio. (2024, 14 de mayo). Batalla de Eylau. Extraído de Napoleon &Empire.net: https://www.napoleon-empire.net/en/battles/eylau.php.

emperador francés restaurara la nación polaca.

Esta era una oportunidad única para Napoleón. Podía castigar a los prusianos apoderándose de las tierras arrebatadas en las particiones y crear un Estado cliente que limitara con Rusia. En consecuencia, Napoleón estableció el Gran Ducado de Varsovia, que sería gobernado por un nuevo aliado francés, Federico Augusto, rey de Sajonia.

Operaciones contra los rusos

Incluso hoy en día, el invierno es una época del año terrible para hacer campaña. Napoleón ordenó a sus tropas avanzar para cruzar el río Vístula y ganar terreno antes de que llegara el invierno. Los franceses avanzaron en malas condiciones de viaje y lucharon contra una fuerza rusa en Pultusk el 26 de diciembre. Ambos bandos entraron en cuarteles de invierno después de eso; no volverían a encontrarse hasta febrero de 1807[i].

Batalla de Eylau

Napoleón libró dos batallas con los rusos en la Cuarta Guerra de la Coalición. El primer enfrentamiento franco-ruso tuvo lugar en la ciudad de Eylau el 7 de febrero de 1807. El ejército francés contaba con unos cincuenta mil hombres y los rusos con sesenta y cinco mil.

Napoleón quería un enfrentamiento decisivo con los rusos y planeaba golpear rápidamente con una fuerza infranqueable. Sin embargo, los rusos podrían haber aprendido algo de la derrota de Austerlitz. A pesar de superar en número a los franceses, el comandante ruso, Bennigsen, adoptó una posición defensiva. Esperaba que el asalto francés a sus líneas pusiera al descubierto puntos débiles que los rusos pudieran explotar después.

La batalla principal comenzó el 8 de febrero. Los dos bandos comenzaron con un duelo de artillería que duró varias horas. Ambos bandos atacaron y contraatacaron, y los franceses y los rusos solo cedieron terreno tras una feroz resistencia. En un momento dado, hubo combates cuerpo a cuerpo en las calles de la ciudad. Los rusos estuvieron a punto de apoderarse del cuartel general de Napoleón; el emperador francés corrió incluso el riesgo de ser capturado. Todo esto ocurrió durante una ventisca invernal.

---

[i] Mark, H. W. (2023, 24 de julio). Batalla de Eylau. Extraído de World History Encyclopedia: https://www.worldhistory.org/article/2258/battle-of-eylau/.

El momento decisivo de la batalla llegó con una enorme carga de caballería dirigida por Murat. El caos que se produjo entre los rusos permitió a Napoleón volver a formar sus líneas. La oportuna llegada de refuerzos rusos impidió una derrota. La batalla terminó finalmente a altas horas de la noche del 8 de febrero. Terminó en empate, con ambos bandos sufriendo grandes bajas[i].

Los rusos demostraron que podían plantar cara a los franceses. Napoleón esperaba arrollarlos, pero el uso de posiciones defensivas por parte de los rusos y sus oportunos contraataques impidieron que eso sucediera. Además, los rusos se retiraron en buen orden y volverían a luchar contra los franceses.

Batalla de Friedland

Eylau no fue la aplastante victoria que Napoleón esperaba obtener. La Grande Armée necesitaba algo de tiempo para descansar y reabastecerse. Napoleón decidió esperar hasta que comenzara de nuevo la temporada regular de combates. Mientras tanto, pidió refuerzos a los aliados franceses y convocó a los reclutas franceses para que llegaran pronto. En las semanas siguientes se libraron escaramuzas entre franceses y rusos. Danzig cayó en manos de los franceses el 24 de mayo de 1807. Llegaron refuerzos y Napoleón estaba listo para volver a la ofensiva. Decidió que el 10 de junio sería el día para empezar a avanzar. Los rusos le obligaron a cambiar de opinión.

Bennigsen vio una oportunidad. Atacó al cuerpo del mariscal de campo Ney en Guttstadt-Deppen. Los rusos fueron derrotados y Napoleón decidió cortar a Bennigsen su base de suministros en Königsberg. Utilizó una táctica engañosa: permitió que un mensajero fuera capturado por los rusos. El soldado francés llevaba noticias falsas de que la Grande Armée estaba a punto de lanzar un ataque contra la retaguardia rusa. Bennigsen mordió el anzuelo y trasladó sus tropas a una posición bien defendida en Heilsberg. El 10 de junio, Napoleón atacó, pero los rusos obtuvieron una victoria táctica. Bennigsen pasó a la ofensiva y cruzó el río Alle para luchar contra los franceses en la orilla occidental. No se dio cuenta de que caía en una trampa.

El mariscal Lannes condujo a su cuerpo de ejército para enfrentarse a los rusos en la mañana del 14 de junio de 1807, haciendo retroceder a los rusos el tiempo suficiente para permitir a Napoleón poner en

---

[i] Mark, H. W. Batalla de Eylau.

posición al resto del ejército. Ordenó una descarga de artillería que cubrió un ataque del cuerpo del mariscal Ney sobre el flanco izquierdo ruso. Bennigsen ordenó un contraataque de caballería, pero Ney fue reforzado antes de que su línea se rompiera. La artillería francesa arrasó las líneas rusas y la infantería francesa presionó a los rusos contra las orillas del río. Finalmente, Bennigsen ordenó una retirada general, y lo que quedaba del ejército ruso marchó (o nadó) de vuelta sobre el Alle. Napoleón había obtenido una importante victoria[i].

Los rusos lucharon con considerable valor contra fuerzas superiores en todas las batallas. Su mayor problema en cada enfrentamiento fue su incapacidad para responder a los rápidos cambios en el campo de batalla. El ejército de Napoleón podía moverse con rapidez. Un cuerpo podía acudir en ayuda del otro antes de que los rusos pudieran responder eficazmente. No había duda de la valentía de los soldados rusos, pero era necesario hacer cambios si querían tener alguna esperanza de derrotar a Napoleón.

La lucha había terminado. Los aliados de la Cuarta Coalición no podían desplegar un ejército para enfrentarse adecuadamente a los franceses, y había que negociar un tratado de paz. Se esperaba que los términos fueran ventajosos para Napoleón.

Napoleón pretendía completar el dominio de Francia sobre Europa a expensas de los rivales que pudieran quedar. Quería que su nuevo Sistema Continental fuera reconocido por toda Europa, y esperaba que eso fuera suficiente para poner de rodillas a Gran Bretaña. El Sacro Imperio Romano Germánico, que había durado casi mil años como presencia dominante en Europa central, quedaría relegado al basurero de la historia. Napoleón quería un mapa europeo formado por aliados o por estados satélites.

Sin embargo, una preocupación primordial era Rusia. A pesar de las pérdidas, Rusia seguía siendo una potencia importante y podía desplegar grandes ejércitos. Napoleón quería neutralizar cualquier posible amenaza futura que Rusia pudiera suponer, haciendo imposible cualquier otra coalición contra Francia.

---

[i] Mark, H. W. (2023, 25 de julio). Batalla de Friedland.

Napoleón y Alejandro

La ciudad rusa de Tilsit sería el escenario de las negociaciones. Napoleón y Alejandro conferenciaron en una balsa en medio del río Nieman el 25 de junio de 1807. El encuentro entre los dos emperadores fue de respeto mutuo y de comprensión de las necesidades que ambos tenían. En retrospectiva, Napoleón fue más que generoso.

A cambio de unirse al Sistema Continental, Francia ayudaría a Rusia en sus disputas contra el Imperio Otomano. Alejandro aceptó evacuar Valaquia y Moldavia y entregar a Francia las islas Jónicas y la ciudad de Cattaro (actual Kotor, Montenegro). Napoleón compensó las pérdidas reconociendo la soberanía del ducado de Oldenburgo además de otros pequeños países de Alemania que pertenecían a los parientes de Alejandro. El tratado de paz entre Francia y Rusia se formalizó el [7 de] julio de 1807.

Un medallón francés que muestra a los dos gobernantes abrazándose[11]

Al Vencedor, el Botín. Al Perdedor, los Costes

Prusia no lo tuvo fácil. Napoleón no estaba de humor para ser amable con el enemigo que inició la lucha. Federico Guillermo III perdería casi la mitad de su nación. Los estados clientes que Napoleón quería crear incluían el Reino de Westfalia, el Gran Ducado de Varsovia y la Ciudad Libre de Danzig. Bialystok se convirtió en una posesión rusa, y Cottbus pertenecía ahora a Sajonia. El ejército prusiano quedó reducido a solo cuarenta y tres mil hombres, y posteriormente se impuso a Prusia un tributo monetario. Federico Guillermo III no tenía ninguna baza para negociar y solo pudo aceptar los términos. El tratado franco-prusiano se formalizó el 9 de julio de 1807.

Prusia pagó caro, tanto política como económicamente, la pérdida de la guerra. Probablemente Napoleón quería demostrar al resto del mundo que si bien podía ser indulgente con un antiguo enemigo como Rusia, podía ser despiadado con otro.

Napoleón estaba en el cenit de su poder. Había derrotado a un rival europeo y destruido al otro. Ningún monarca en su sano juicio en Europa intentaría enfrentarse a él. Gran Bretaña seguía siendo un rival francés, y las hostilidades continuaban entre las dos naciones. El continente, sin embargo, pertenecía a Napoleón.

Capítulo 7: La guerra peninsular: la lucha de Napoleón en España y Portugal

Napoleón era sin duda un genio, pero también era un hombre. Era humano, lo que significa que era capaz de cometer errores. Bonaparte estaba en la cima de su poder cuando empezó a cometer errores que acabarían por hundirle. Entre los años 1806 y 1808 se produjeron tres grandes errores.

El sistema continental

Napoleón despreciaba a los británicos, pero la batalla de Trafalgar acabó con sus planes de invadir Gran Bretaña. Entonces, el emperador francés decidió tomar un rumbo diferente. Destruiría el comercio británico y pondría a su enemigo de rodillas económicamente.

Emitió el Decreto de Berlín el 21 de noviembre de 1806. Esta fue la respuesta de Napoleón al bloqueo británico que restringía seriamente el comercio en Francia y en otras zonas de Europa que Francia controlaba. El decreto prohibía a los barcos británicos entrar en los puertos europeos. Napoleón dio un paso más el 17 de diciembre de 1807 con el Decreto de Milán. Este permitía a los buques de guerra franceses apresar los barcos que zarparan de puertos británicos o de países que estuvieran bajo influencia británica. El Decreto de Milán prohibía a los países europeos comerciar con Gran Bretaña[i].

---

[i] Habilidades históricas. (2024, 10 de junio). Qué era el revolucionario sistema continental de

Se crearon agencias especiales para hacer cumplir los decretos y confiscar cualquier mercancía británica que se encontrara en las bodegas de los barcos. Era una versión del siglo XIX de las sanciones comerciales que se utilizan comúnmente hoy en día.

Había otra razón para estas restricciones. Napoleón quería promover el comercio francés y desarrollar relaciones económicas más fuertes con los estados satélites de Europa. Quería desarrollar la autosuficiencia de las economías europeas para que no dependieran de los fabricantes británicos. Napoleón utilizó su poder para obligar a las naciones controladas por Francia y a sus aliados a cumplir las normas. Además, los estados neutrales, como Dinamarca, fueron obligados a formar parte del Sistema Continental. Rusia estaba obligada a participar debido al Tratado de Tilsit.

Napoleón se equivocó gravemente si pensó que podría hacer un daño permanente a Gran Bretaña con el Sistema Continental. El comercio marítimo británico estaba bien establecido desde hacía siglos. Aunque hubo algunos inconvenientes iniciales y hubo que hacer ajustes, Gran Bretaña seguía participando en el comercio internacional. Los comerciantes británicos compensaron las pérdidas causadas por el Sistema Continental incrementando las relaciones comerciales con América y otras partes del mundo. Además, los británicos producían bienes de alta calidad, que seguían siendo muy demandados en Europa.

Incumplimiento generalizado

Era bastante fácil promulgar decretos, pero lo difícil era intentar hacerlos cumplir. Los franceses ya no tenían una armada viable, y los británicos podían proteger cualquier barco que enarbolara la Union Jack. El contrabando se convirtió en una industria importante bajo el Sistema Continental. Se calcula que más de ochocientos barcos de contrabando operaban en el Mediterráneo en 1811. Puertos como Salónica y Malta se convirtieron en los principales centros de contrabando. A pesar del embargo, Gran Bretaña pudo exportar mercancías por valor de 10 millones de libras al sur de Europa en 1809[i].

Sin embargo, el Sistema Continental tuvo un efecto negativo en

---

Napoleón y cómo dio forma a la Europa moderna. Extraído de Historyskills.com: https://www.historyskills.com/classroom/modern-history/continental-system/.

[i] Mark, H. W. (2023, 3 de agosto). Sistema Continental. Extraído de World History Encyclopedia.com: https://www.worldhistory.org/Continental_System/.

Europa. Los fabricantes europeos tuvieron que hacer frente a la escasez de materias primas, y varias grandes industrias italianas estuvieron a punto de quebrar. La situación llegó a ser tan mala que el rey de Holanda se negó a aplicar el Sistema Continental por su impacto adverso en la economía holandesa. Por cierto, ese monarca era Luis Bonaparte, hermano de Napoleón. El emperador francés obligó a Luis a abdicar y anexionó Holanda a Francia. Sin embargo, Luis Bonaparte no fue el único gobernante europeo que ignoró las restricciones. Joaquín Murat, que había sido mariscal de campo francés y llegó a ser rey de Nápoles, no hizo nada para detener el contrabando en su propio reino[i].

Además, el Sistema Continental perjudicó las relaciones con otros países. Portugal se negó a formar parte de él y Rusia acabó retirándose. Incluso Francia sufrió a causa del embargo. Finalmente, Napoleón se vio obligado a promulgar el Decreto de St. Cloud que permitía al suroeste de Francia y a España tener cierto grado de comercio con Gran Bretaña y reabrir el comercio francés con Estados Unidos. Desgraciadamente, ya se había hecho un daño importante. El Sistema Continental daría lugar a otras malas decisiones de Napoleón que desembocaron en costosas campañas militares.

Lazos familiares

Napoleón quería tener en los tronos de los países conquistados a personas en las que pudiera confiar; no quería ser apuñalado por la espalda por nadie. Las únicas personas en las que Napoleón podía confiar plenamente eran sus familiares.

Además, aunque tenía un título imperial, Napoleón quería extender las ideas de la Revolución Francesa a otras partes de Europa. Le resultaría más fácil poner en práctica estos ideales si en el poder estuvieran personas en las que pudiera confiar. Es probable que Napoleón creyera que los miembros de su familia también introducirían un grado de estabilidad que había estado ausente en los años precedentes.

Fueran cuales fueran sus motivaciones, Napoleón colocó sistemáticamente a sus familiares al frente de los países europeos. Su plan no fue del todo exitoso.

---

[i] Mark, H. W. Sistema continental.

He aquí una breve lista de a quién confió Napoleón las naciones:

- José Bonaparte fue nombrado originalmente rey de Nápoles y más tarde rey de España.
- Luis Bonaparte fue nombrado rey de Holanda.
- Jerónimo Bonaparte fue hecho rey de Westfalia.
- Elisa y Paulina Bonaparte no fueron reinas mayores, pero Elisa fue nombrada princesa de Lucca y Piombino (un estado cliente en Italia) y más tarde se convirtió en gran duquesa de Toscana. Paulina se convirtió en duquesa de Guastalla (una ciudad de Italia).
- La hermana menor de Napoleón, Carolina Bonaparte, se convirtió en reina consorte de Nápoles y Sicilia cuando su marido, Joaquín Murat, fue nombrado rey.[i]

El historial de la familia Bonaparte como gobernantes fue desigual. Hubo momentos en los que fueron competentes y otros en los que los Bonaparte no estuvieron a la altura. José mostró cierta habilidad cuando fue rey de Nápoles, pero su etapa como rey de España rozó el desastre. No pudo desempeñarse adecuadamente debido a la resistencia del pueblo español. Luis simpatizaba con el pueblo holandés y promovió varios proyectos y reformas para mejorar su bienestar. Sin embargo, tuvo problemas con Napoleón cuando se resistió al Sistema Continental. Como ya se ha mencionado, Napoleón finalmente se anexionó Holanda y obligó a su hermano a abdicar. Aunque Jerónimo aplicó el Código Napoleónico y se deshizo de los antiguos privilegios de la aristocracia, se le fue de las manos cuando se trató de asuntos financieros. Fue criticado por mantener un estilo de vida opulento y lo pasó fatal intentando equilibrar el presupuesto. Las hermanas de Napoleón gobernaban territorios relativamente pequeños. Elisa tenía buenas dotes administrativas, pero dependía demasiado del apoyo francés.

El Sistema Continental y la necesidad de suministrar tropas para las campañas militares de su hermano crearon una tensión económica en los países gobernados por los Bonaparte. Aunque cada uno intentó ser aceptado por sus súbditos, cada vez resultó más difícil a medida que las exigencias de las guerras napoleónicas se hacían mayores.

---

[i]Napoleon.org. (2020, diciembre). Napoleón I y su familia. Extraído de Napoleon.org: https://www.napoleon.org/en/young-historians/napodoc/napoleon-i-and-his-family/.

El nacionalismo fue un gran escollo para los Bonaparte. Eran extranjeros y no tenían ninguna conexión viable con los países que gobernaban. Era el ejército francés el que los mantenía en el poder, y si el ejército avanzaba, se daban cuenta de que no estarían mucho tiempo en el poder. La incapacidad de Napoleón para apreciar la capacidad del nacionalismo para inspirar emociones feroces le haría cometer un error de juicio muy caro.

La Guerra Peninsular

Para hablar de la guerra Peninsular, tenemos que retroceder un poco en el tiempo. A finales del siglo XVIII y en el XIX, España no era la potencia imperial que había sido en los siglos XVI y XVII. La guerra de Sucesión española despojó al país de importantes posesiones europeas, y España se convirtió gradualmente en un remanso en la política europea.

Sin embargo, aún conservaba su imperio. Los gobernantes borbónicos tomaron medidas para desarrollar las posesiones españolas en América y realizar mejoras en la administración colonial. Se hicieron esfuerzos para revitalizar la industria minera, en particular la extracción de plata. La Ley de Libre Comercio de 1778 facilitó a los puertos españoles de América hacer negocios con otros puertos. Se introdujeron mejoras en el sistema educativo y se redujeron las exigencias de tributos a los indígenas.

Carlos III esperaba utilizar las ideas de la Ilustración para modernizar España, pero su sucesor, Carlos IV, confió demasiado en su primer secretario de Estado, Manuel de Godoy, cuyas políticas fueron impopulares.

La monarquía española estaba preocupada por lo que estaba ocurriendo en Francia durante la Revolución Francesa. Les preocupaba que problemas similares pudieran surgir en

Un retrato de Manuel de Godoy[19]

España. La ejecución de Luis XVI convenció a España para unirse a la Primera Coalición y librar la guerra de los Pirineos (1793-1795) contra Francia. Esa guerra concluyó con el Tratado de Basilea. España cedió su parte oriental de La Española a Francia. Como consecuencia de esta pérdida se produjo un cambio en la política exterior. España decidió aliarse con la República Francesa. El Tratado de San Ildefonso de 1796 convirtió a los dos países en aliados y España aceptó cooperar con Francia en una guerra contra Gran Bretaña[1].

La alianza resultó ser un error para España. La nación se vio envuelta en la guerra anglo-española de 1796 a 1802, y un bloqueo británico privó a España de los productos de las colonias americanas. Además, la Armada española sufrió una terrible derrota en la batalla del cabo de San Vicente. El Tratado de Amiens de 1802 proporcionó una tregua, pero los combates estallaron de nuevo en 1804. Una vez más, la Armada española sufrió pérdidas devastadoras; esta vez, fue en Trafalgar. La segunda ronda bélica terminó en 1808, pero para entonces, en la península ibérica se estaban produciendo acontecimientos aún más dramáticos.

Napoleón estaba decidido a que el Sistema Continental se impusiera en toda Europa, y eso incluía a Portugal y España. Portugal se negó a unirse al Sistema Continental porque su economía dependía del comercio marítimo. Napoleón no estaba acostumbrado a ser rechazado, y lanzó un ultimátum a Portugal, que los portugueses rechazaron. Napoleón respondió invadiendo Portugal el 19 de noviembre de 1807. Esto inició efectivamente la guerra Peninsular.

España hizo todo lo que pudo como aliada de Francia y sufrió por ello. Carlos IV era un rey débil y dependía en gran medida de su primer ministro, Manuel de Godoy. Las políticas del primer ministro no fueron bien recibidas por el pueblo español. Muchos querían que el hijo de Carlos, Fernando, se convirtiera en el rey. Esto condujo a disputas internas, que permitieron una oportunidad para Napoleón.

<u>Un asombroso acto de traición</u>

Se persuadió a España para que firmara un acuerdo secreto con Francia en relación con Portugal. El Tratado de Fontainebleau, firmado el 27 de octubre de 1807, se refería a Portugal y su partición. Sin

---

[1] Britannica, T. E. (2024, 30 de abril). Guerra Peninsular. Extraído de Britannica.com: https://www.britannica.com/event/Peninsular-War.

embargo, había algo más en este tratado. Francia necesitaba presionar a Portugal para que aceptara su control, y el tratado permitía que un ejército francés de veintiocho mil hombres atravesara España. Se incluyó una reserva de cuarenta mil soldados en Bayona en caso de intervención inglesa. Esto significaba que Francia podía entrar legalmente en España. Los franceses tuvieron éxito en Portugal y obligaron a la familia real portuguesa a buscar asilo en Brasil. Sin embargo, también había tropas francesas en el norte de España[i].

El gobierno español estaba al borde del colapso. Godoy no pudo organizar ninguna resistencia a la presencia francesa en el norte de España y quiso que el rey buscara refugio en Hispanoamérica, pero eso no ocurrió. Una facción rival de la corte española consiguió destituir a Godoy y obligó a Carlos a abdicar. El hijo de Carlos IV fue reconocido como rey Fernando VII el 17 de marzo de 1808[ii].

Napoleón interviene

A Napoleón le preocupaba que el caos en el gobierno español pudiera provocar un cambio político que hiciera que España simpatizara más con Gran Bretaña. En lugar de arriesgarse a tener un enemigo potencial en su frontera, Napoleón decidió utilizar el Tratado de Fontainebleau para invadir España con el pretexto de ayudar a un aliado. Francia invadió España el 9 de febrero de 1808. El 27 de marzo, el mariscal Murat entró en Madrid.

Fernando quería que Napoleón confirmara que él, Fernando, era el nuevo rey de España, ya que su padre quería protestar por el cambio. Napoleón convenció a ambos para que viajaran a Bayona para una conferencia. En lugar de una reunión, Napoleón presionó a ambos para que renunciaran a sus respectivas pretensiones al trono el 5 de mayo. Napoleón nombró entonces a su hermano, José Bonaparte, nuevo rey de España.

---

[i] Burkholder, S. H. (2024, 10 de junio). Tratado de Fontainebleau (1807). Extraído de Encyclopedia.com: https://www.encyclopedia.com/humanities/encyclopedias-almanacs-transcripts-and-maps/fontainebleau-treaty-1807.

[ii] Britannica, T. E. Guerra Peninsular.

Retrato de José Bonaparte[18]

Resistencia española

Napoleón subestimó el patriotismo de la población española. La población de Madrid se sublevó el 2 de mayo, pero el levantamiento fue rápidamente reprimido. Sin embargo, la resistencia española no había terminado. Los españoles contraatacaron y obligaron a los franceses a retirarse. El ejército francés fue derrotado en Baylen, lo que supuso la primera gran derrota del ejército de Napoleón en una batalla terrestre. Los éxitos españoles continuaron y consiguieron obligar a José Bonaparte a abandonar Madrid en agosto.

Napoleón decidió intervenir personalmente en la situación. Dirigió un ejército de unos 300.000 hombres hacia España y aplastó la resistencia española. Se podría pensar que eso habría zanjado el asunto, pero un nuevo jugador estaba a punto de entrar en el juego, y resultaría ser la mayor némesis de Napoleón[i].

Sir Arthur Wellesley (duque de Wellington)

El éxito de Napoleón en el campo de batalla se debió en parte a la calidad de los comandantes a los que se enfrentó. Esos generales no solían ser nada especial y rara vez suponían una amenaza para el emperador francés. La ventaja de Napoleón en este terreno se iría erosionando gradualmente a medida que mejoraba el rendimiento de sus enemigos. El cambio comenzó en la guerra Peninsular, cuando un general británico entró en escena.

Sir Arthur Wellesley era un oficial de carrera que sirvió en Europa y en la India. Tuvo especial éxito en las batallas del subcontinente indio e incluso desarrolló allí algunas de las estrategias que más tarde utilizaría en las guerras napoleónicas. Sus mejores cualidades eran el sentido común, la atención a los detalles, el cuidado de sus soldados y de sus provisiones y el mantenimiento de buenas relaciones con los civiles. También era capaz de tomar decisiones firmes en el momento oportuno. Se le conoce comúnmente como el Duque de Wellington, y su apodo era el Duque de Hierro. Se convirtió en la peor pesadilla que tuvieron los franceses[ii].

El Duque de Wellington[iv]

---

[i] Pisa, J. d. (2011, 5 de octubre). La pesadilla de Napoleón: la guerra de guerrillas en España (1808-1814). Extraído de Smallwarsjournal.com: https://smallwarsjournal.com/jrnl/art/napoleon%c2%b4s-nightmare-guerrilla-warfare-in-spain-1808-1814.

[ii] Jacques Godechot, E. P. (2024, 30 de abril). Arthur Wellesley,[iii] Duque de Wellington. Extraído de Britannica.com: https://www.britannica.com/biography/Arthur-Wellesley-1st-Duke-of-Wellington.

Gran Bretaña decidió ayudar a portugueses y españoles en su resistencia contra Francia. Una fuerza expedicionaria de catorce mil hombres al mando de Wellington, que en aquel momento era teniente general, desembarcó en Portugal en agosto de 1808.

Wellington no perdió tiempo en llevar la lucha al enemigo. El 17 de agosto, Wellington derrotó a los franceses en la batalla de Roliça y siguió con una victoria en Vimeiro el 21 de agosto. Estaba claramente a la ofensiva, pero Wellington fue jaqueado por sus propios mandos.

Los supervisores de Wellington negociaron la Convención de Cintra, que permitió a los franceses abandonar Portugal. Hubo una oleada de ira pública en Gran Bretaña por este acuerdo, y Wellington tuvo que regresar a Gran Bretaña para enfrentarse a un consejo de guerra. Afortunadamente para Gran Bretaña, fue absuelto[i].

Wellington sería restituido más tarde, pero mientras tanto, la guerra Peninsular entraba en una etapa de inmensa tragedia para el pueblo español.

Guerra no convencional

La Grande Armée estaba acostumbrada a librar batallas convencionales que seguían ciertas reglas. Lo que ocurrió en la guerra Peninsular fue totalmente diferente. Los franceses no siempre se enfrentaban a columnas organizadas de soldados. En su lugar, tuvieron que enfrentarse a bandas de guerrilleros que no seguían las convenciones del combate civilizado.

Las bandas de guerrilleros se formaron poco después de la invasión francesa. Los franceses intentaron sofocar estos ataques, pero solo consiguieron que las bandas guerrilleras se hicieran más grandes. Las bandas guerrilleras atacaron aquellos objetivos que tenían más posibilidades de interrumpir las líneas de suministro francesas y de reunir botín. Los ataques a los mensajeros obligaron a los ocupantes a proporcionar escolta militar a los mensajeros.

Cada represalia servía para endurecer la resistencia de los españoles. Los soldados franceses no podían estar seguros de si iban a ser atacados y cuándo. Cada vez había que enviar más tropas francesas a España para luchar. La población civil de España sufrió los ataques y las represalias,

---

[i] Museo Nacional del Ejército. (2024, 10 de junio). Guerra Peninsular. Obtenido de Nam.ac.uk: https://www.nam.ac.uk/explore/peninsular-war.

pero parecía unida en su deseo de librar al país de los franceses. Se gastaron tanto tiempo, esfuerzo y recursos que Napoleón empezó a referirse a toda la península ibérica como la «úlcera española»[i].

Esfuerzos británicos

La guerra convencional entre soldados británicos y franceses continuó, pero los resultados no fueron concluyentes. Los británicos se vieron obligados a evacuar España en La Coruña el 16 de enero de 1809, pero no habían terminado en la península ibérica. Wellington volvió al frente de guerra en 1809 y pudo expulsar de Portugal al mariscal de campo Jean-de-Dieu Soult. A continuación, Wellington se adentró en España y obtuvo una victoria en la batalla de Talavera. Wellington tuvo que retirarse por problemas logísticos y porque necesitaba asegurar sus líneas de suministro. Sin embargo, demostró que los británicos seguían en el conflicto y que los franceses no tenían el control absoluto de la península[ii].

Wellington aseguró la posición del ejército británico gracias a las fortificaciones defensivas que ordenó construir cerca de Lisboa. Las Líneas de Torres Vedras se construyeron entre octubre de 1809 y octubre de 1810 y eran una red de fuertes y reductos con trincheras y caminos que se extendía a lo largo de aproximadamente cincuenta millas. Aprovechaba el terreno alrededor de la región de Lisboa. Cuando el mariscal André Masséna intentó capturar Lisboa con más de sesenta mil hombres, fue detenido eficazmente por estas defensas y tuvo que retroceder.

La guerra Peninsular continuó, pero no hubo grandes avances durante los años siguientes. Decenas de miles de tropas francesas se vieron atadas por la actividad en España y Portugal, privando a Napoleón de soldados que tanto necesitaba. Las necesidades de mano de obra de la guerra Peninsular afectarían a la ejecución por parte de Napoleón de la que no solo fue su mayor campaña militar, sino también el peor desastre de las guerras Napoleónicas.

---

[i] Mark, H. W. (2023, 7 de agosto). Guerra Peninsular. Extraído de World History Encyclopedia: https://www.worldhistory.org/Peninsular_War/.

[ii] Jacques Godechot, E. P. Arthur Wellesley,[iii] duque de Wellington.

Capítulo 8: La cultura de la época

Antes de hablar de la última gran campaña de las guerras Napoleónicas, echemos un vistazo a la cultura que floreció. Las guerras son perturbadoras, pero no obligan a la sociedad a detenerse en seco. Las personas creativas siguen pintando, componiendo y realizando obras artísticas para disfrute y mejora de los demás. Las guerras napoleónicas coincidieron con el movimiento romántico. Fue una época de experimentación creativa y de alejamiento de los estilos musicales, artísticos y poéticos más antiguos.

Hubo gigantes de las artes durante esta época. Se atrevieron a desafiar las prácticas convencionales y generaron obras maestras de la cultura que aún se disfrutan hoy en día. Examinemos a varias de estas personas altamente creativas y tomemos nota de cómo mejoraron la sociedad.

Características del movimiento romántico

En el movimiento romántico se pueden encontrar varios temas populares. Los románticos consideraban la naturaleza una fuente de inspiración y belleza. El movimiento romántico también se centró en el individuo y la expresión personal. El comportamiento introspectivo y el espíritu rebelde eran temas integrales, ya que los personajes principales se desarrollaban a menudo distanciados de la sociedad. La mitología y lo sobrenatural también podían encontrarse en varias obras artísticas de esta época.

El movimiento romántico comenzó antes de las guerras napoleónicas y continuó mucho después de que callaran las armas. Sin embargo, las guerras desencadenaron las fuerzas creativas que cambiaron el mundo cultural. La emoción y la pasión sustituyeron a las sedadas cavilaciones de salón, y la vorágine de la guerra proporcionó la energía necesaria para crear asombrosas piezas originales.

Música

El maestro de la música en el movimiento romántico fue Ludwig van Beethoven. Los compositores anteriores escribieron obras suaves y apacibles. La música de Beethoven retumba como una descarga de artillería en una sala de conciertos. Sus sinfonías pueden empezar lentas y suaves y terminar con un trueno de trompetas. Beethoven ya era un compositor consagrado cuando comenzaron las guerras napoleónicas, y compondría algunas de sus mejores obras durante esos años.

La Sinfonía Eroica

Al principio, Beethoven era un ferviente partidario de Napoleón porque creía que el líder francés defendía los ideales de la Revolución Francesa. La Sinfonía nº 3 se compuso inicialmente en honor a Napoleón, pero Beethoven se enfureció por la coronación de Napoleón como emperador. Así que rebautizó la partitura con el nombre de Sinfonía Eroica.

Portada de la sinfonía con el nombre de Napoleón borrado[15]

Esta composición fue una obra revolucionaria. La obra tiene más emoción de la que hubieran utilizado autores anteriores, como Mozart. Beethoven intentó captar el estado de ánimo de la época con música dramática y no sentimental. Supuso una sorprendente ruptura con la tradición y fue bien recibida.

La Quinta Sinfonía

Beethoven escribió la Quinta Sinfonía entre 1804 y 1808, cuando la guerra asolaba Europa central y Napoleón dirigía campañas decisivas en Alemania y Austria. Esta sinfonía también refleja la energía exacerbada de los años napoleónicos. Viena era entonces el hogar de Beethoven y estaba amenazada por el ejército francés. El carácter audaz de la música simboliza la determinación de los vieneses ante una amenaza ominosa.

El compositor estaba decepcionado con Napoleón y con el modo en que había cambiado el líder francés. Sin embargo, esto no significó que Beethoven diera la espalda a la familia Bonaparte. La notoriedad de Beethoven era tan grande y su música tan espléndida que Jerónimo Bonaparte, rey de Westfalia, ofreció al compositor el puesto de *kapellmeister* en la corte de Westfalia.

En 1814, Beethoven era un nacionalista alemán convencido y se oponía a Napoleón. Creó una breve obra orquestal para celebrar la victoria de Wellington en Vitoria en 1813. Cualquier ilusión que Beethoven tuviera sobre Napoleón como campeón de la libertad había desaparecido[i].

Hay una fascinante nota personal en los esfuerzos de Beethoven durante estos años. El compositor se quedó cada vez más sordo. No podía oír la música que estaba creando, pero seguía siendo magnífica. ¿Cómo era posible que un sordo pudiera escribir música que ni siquiera podía oír?

La respuesta es más intelectual que física. El compositor perdió el oído, pero no perdió la cabeza. Beethoven había estado expuesto a la música desde que era un niño pequeño. Las notas musicales y los sonidos de diversos instrumentos rodeaban sus días. Ya no podía oír el sonido, pero Beethoven recordaba cómo sonaban ciertos acordes. Utilizó su memoria para crear algunas de las músicas más increíbles que jamás hayamos escuchado.

El arte: Transmitir el mensaje

La *Coronación de Napoleón* es un enorme cuadro que se encuentra actualmente en el Museo del Louvre. Muestra a Napoleón coronando a su esposa Josefina mientras varios dignatarios, incluido el Papa, observan. En las gradas sobre la madre de Napoleón, en el centro del

---

[i] Lee, A. (2018, 3 de marzo). Beethoven y Napoleón. Extraído de Historytoday.com: https://www.historytoday.com/archive/music-time/beethoven-and-napoleon.

cuadro, vemos a alguien que está ocupado esbozando algo en un papel. Se trata del artista de la obra, Jacques-Louis David.

Coronación de Napoleón por Jacques-Louis David[16]

David es una persona interesante en la historia del arte. Estuvo influido por el estilo neoclasicista de pintura y es famoso por su *Juramento de los Horacios* y la *Muerte de Sócrates*.

Fue miembro de la Real Academia y pintor favorito de la aristocracia borbónica. Eso no le impidió cambiar de bando al comienzo de la Revolución Francesa. David fue un jacobino que apoyó a Robespierre. Su obra, la *Muerte de Marat*, fue un icono de la Revolución Francesa.

David ya era un artista consagrado en la época de las guerras napoleónicas, y técnicamente no forma parte del movimiento romántico. Sin embargo, su papel durante las guerras Napoleónicas fue significativo en el mundo del arte. David fue el artista personal de Napoleón[i].

Propaganda artística

Napoleón reconocía el valor de la propaganda y lo crucial que podía ser la representación visual para moldear la opinión pública. Las representaciones que David hizo de Napoleón, en particular la obra *Napoleón cruzando los Alpes*, muestran al emperador como una figura heroica. Obras posteriores muestran a Napoleón con una corona de

---

[i] La Universidad Abierta. (2024, 10 de junio). 3 Gros y la máquina de propaganda napoleónica. Extraído de Open.edu: https://www.open.edu/openlearn/history-the-arts/history-art/napoleonic-paintings/content-section-3.1.

laureles dorados, relacionándolo con los gobernantes clásicos de Roma. Curiosamente, aunque David fue un ardiente revolucionario durante la Revolución Francesa, pronto transfirió su lealtad al Imperio francés. Quizá el pintor fuera tanto un hombre de negocios como un artista. Sabía dónde estaban sus encargos y gravitó hacia el dinero[i].

Pintando la pesadilla

La carrera artística de Francisco Goya antes de la llegada de Napoleón al poder fue comparable a la de David. Fue pintor de la corte de los Borbones españoles y pintó hermosos cuadros de la realeza y la aristocracia españolas. Su vida no parecía tener sobresaltos, pero la invasión española de 1808 cambió radicalmente la perspectiva de Goya.

Goya vio la devastación de la guerra y no pudo apartar la mirada. Su obra *El Dos de Mayo de 1808* representa la lucha callejera que tuvo lugar en Madrid cuando la población se sublevó. Un segundo cuadro, El tres de mayo de *1808*, es una representación de cuando los franceses ejecutaron a los insurgentes españoles para reprimir el levantamiento. El mensaje de Goya al espectador en ambas obras era una declaración antibelicista que mostraba la violencia y la inhumanidad de la guerra.

Dos de mayo de 1808[17]

---

[i] El Clark. (2024, 10 de junio). David y Napoleón. Extraído de Clarkart.edu: https://www.clarkart.edu/microsites/jacques-louis-david/david-napoleon.

Goya no dudó en representar el horror de la guerra. Se apartó de la sensibilidad urbanita de la corte real para mostrar los aspectos brutales de la revuelta y la depresión. El sufrimiento humano fue un tema en el que se concentró el pintor español.

Los desastres de la guerra

La contribución más significativa de Goya al mundo del arte fue la serie *Los* desastres de la *guerra*. Se trataba de una colección de ochenta y dos aguafuertes que Goya creó entre 1810 y 1820.

Los primeros cuarenta y siete aguafuertes se concentran en episodios de la guerra Peninsular y las consecuencias de los combates. Las planchas 48 a 64 son un registro de la hambruna de Madrid de 1811-1812. El último grupo de aguafuertes representa su decepción ante la restauración borbónica, que se oponía a todas las reformas estatales y religiosas que habían tenido lugar en los años anteriores.

Goya desafiaba al espectador a enfrentarse a las realidades de la guerra y a no dejarse seducir por las glamurosas representaciones del valor. Se puede ver el hambre, la humillación, la atrocidad y la inhumanidad en *Los desastres de la guerra*. No utilizó su arte como medio de propaganda, sino como una forma de enviar el mensaje de que la guerra no era la respuesta[i].

Un civil español a punto de decapitar a un soldado francés.[18]

---

[i] Franciscogoya.com. (2024, 10 de junio). El desastre de la guerra, 1810-1820 de Francisco Goya. Extraído de Franciscogoya.com: https://www.franciscogoya.com/disasters-of-war.jsp.

Los grabados eran tan dramáticos y sobrecogedores que no se publicaron hasta 1863.

Francisco Goya es recordado principalmente por las obras que creó durante la guerra Peninsular. Un artista posterior que se vio muy influido por la obra de Goya fue otro español, Pablo Picasso. Picasso compartía la indignación de Goya ante la inhumanidad y respetaba la libertad de tono y creación del artista anterior. Aunque Picasso estudió las obras de otros artistas españoles, se sintió tan inspirado por la obra de Goya que recibió el apodo de «Pequeño Goya»[i].

Los Desastres de la Guerra tuvieron un efecto sobre Pablo Picasso. Las crudas escenas que representaba Goya inspiraron a Picasso para crear su obra maestra, *Guernica*, que era otro alegato para poner fin a la violencia.

La pluma del poeta

La guerra fue el hecho más importante de la vida británica entre 1793 y 1815, y se convirtió en el principal tema poético, según Betty T. Bennett, distinguida profesora de literatura[ii]. Gran Bretaña no sufrió daños materiales comparables a los de España o Alemania, pero la guerra afectó a la psique del pueblo británico. Un sentimiento de desilusión, la sensación de que los ideales revolucionarios de finales del siglo XVIII nunca se materializarían o de que la guerra podía ser digna, se coló en el espíritu de los británicos.

William Wordsworth creó algunas de sus mejores obras antes de que comenzaran las guerras napoleónicas, pero compuso poemas durante los años de la guerra. Su obra, *Estrofas elegíacas*, fue compuesta en 1805 en memoria de su hermano, que se ahogó en un naufragio. Habla de la pérdida y el luto que reinaban en una sociedad que tenía que aceptar la pérdida de hombres jóvenes en la guerra. También muestra la fragilidad de la vida y lo impredecible de los giros de la vida.

Wordsworth utilizó el tema de la naturaleza del movimiento romántico como lugar de consuelo. Sin embargo, un sentimiento de pena impregna los versos de su poema:

---

[i] Musee Goya Castres. (2024, 10 de junio). Goya-Picasso: una visión cruzada. Extraído de museegoya.fr: https://www.museegoya.fr/en/goya-in-piccaso-s-eye.

[ii] Bainbridge, S. (2016, 2 de junio). Guerra y Romanticismo. Obtenido de Oxford Academic: https://academic.oup.com/edited-volume/43514/chapter/364255284?login=false.

"Me he sometido a un nuevo control:
un poder se ha ido, que nada puede restaurar;
una profunda angustia ha humanizado mi Alma".

Un peregrino desilusionado

El Grand Tour por Europa formaba parte antaño de la educación de un joven aristócrata inglés. Las guerras napoleónicas lo impidieron, pero aun así Lord Byron viajó por España y Portugal. Quedó conmocionado por la devastación que vio, y el poeta se rebeló contra las nociones románticas de heroísmo que tenía la gente. Su obra, *La peregrinación de Childe Harold*, parte de la cual se publicó en 1812, evocaba una repulsión hacia lo que era la guerra. El Canto I contiene líneas particularmente agudas.

"Que sus huesos blanqueados
y la mancha sin blanquear de la sangre,
marquen durante mucho tiempo el campo de batalla con espantoso temor: así, solo
Que nuestros hijos conciban las escenas que vimos"[ii].

La gran victoria británica en la batalla de Waterloo no impresionó en absoluto a lord Byron. En una obra posterior, *Don Juan*, Byron arremete contra el duque de Wellington:

"Y me encantaría saber quién,
salvo usted y los suyos, han salido ganando con Waterloo"[iii].

La identidad nacional también fue un tema utilizado por los poetas durante las guerras napoleónicas. La obra *Dei Sepolcri* del poeta italiano Ugo Foscolo se ocupa de la identidad nacional y de los lazos culturales con el pasado. El poeta consideraba el Decreto de San Nubio un insulto a la cultura italiana porque regulaba las prácticas funerarias en Italia.

---

[i] Wordsworth, W. (2024, 19 de junio). Elegías Estrofas Sugeridas por un Cuadro del Castillo de Peele en una Tormenta, Pintado por Sir George Beaumont. Obtenido de Poetryfoundation.org: https://www.poetryfoundation.org/poems/45516/elegiac-stanzas-suggested-by-a-picture-of-peele-castle-in-a-storm-painted-by-sir-george-beaumont.

[ii] Lord Byron. Las obras de Lord Byron Vol. 2. https://genius.com/Lord-byron-the-works-of-lord-byron-vol-2-to-inez-annotated.

[iii] Collinson, A. (2015, 11 de mayo). En Literatura y Canción: El legado de las guerras napoleónicas. Extraído de Ageofrevolution.org: https://ageofrevolution.org/in-literature-and-song-the-legacy-of-the-napoleonic-wars/.

Foscolo creía que las tumbas y los monumentos de los muertos podían inspirar a los vivos y recordar a la gente el glorioso pasado de su país.

"Solo aquellos que no dejan un legado de afecto
encuentran poca alegría en sus ganancias; y si contemplan
tras sus exequias, ven vagar su espíritu
entre los lamentos de los templos aqueos,
de mil
desoladas sombras griegas".

Foscolo dio un paso arriesgado en este poema y criticó al emperador francés:

«*Y tú, Héctor, serás honrado con lágrimas,*
fue santa y lamentada la sangre
derramada por la patria, y mientras el Sol
brille sobre el sufrimiento humano"*.

Trato con el diablo

Johann Wolfgang von Goethe es uno de los gigantes del mundo literario moderno. Su obra épica *Fausto* se publicó en dos partes; la primera se hizo pública en 1808. Aunque el autor no se enfrenta directamente a las guerras napoleónicas, *Fausto I* está entretejido con referencias a personajes que reflejan la actualidad.

El personaje principal, el Dr. Heinrich Fausto, hace un trato con el diablo, entregando su alma a cambio de conocimiento, poder y placer ilimitados. Fausto tiene una enorme ambición, similar a la que Goethe percibió en Napoleón. Goethe creía que el genio de Napoleón rayaba en lo demoníaco. El deseo de Fausto de satisfacer sus ambiciones personales refleja los cambios provocados por Napoleón. Lo que es interesante observar es el respeto que Napoleón sentía por Goethe. Intentó persuadir a Goethe para que se trasladara a París, pero el autor declinó cortésmente la invitación[iii].

---

[i] Foscolo, U. (2024, 11 de junio). Ugo Foscolo-Opere Omnia. Obtenido de Foscolo.letteraturaoperaomnia.org:
https://foscolo.letteraturaoperaomnia.org/foscolo_dei_sepolcri.html.

[ii] Foscolo, U. Ugo Foscolo-Opere Omnia.

[iii] Keene, R. (2024, 10 de junio). Napoleón y Goethe: Piedra de toque del genio. Extraído de Thearticle.com: https://www.thearticle.com/napoleon-and-goethe-touchstone-of-genius.

La cultura de las guerras napoleónicas sugiere un creciente cansancio instalado en Europa. Las esperanzas de un cambio positivo se desmoronaron poco a poco, a medida que la realidad y el tumulto de la guerra volvían a la gente más cínica. Los conflictos se prolongaban y solo unos meses de tranquilidad separaban una guerra de otra. Un cataclismo se estaba gestando, y se haría realidad en 1812.

Capítulo 9: La invasión de Rusia: La catastrófica campaña de Napoleón

El Sistema Continental era una mala política pública plagada de agujeros. Era casi imposible para Francia hacer cumplir las reglas, dada la extensa costa de Europa. Sin embargo, Napoleón estaba comprometido con él. La obsesión por poner de rodillas a Gran Bretaña mediante la presión económica desembocó en la guerra Peninsular, que causaría otros problemas al emperador francés. Su determinación de mantener el Sistema Continental le condujo finalmente a su mayor error.

Guerra de la Quinta Coalición

Francia era la potencia dominante en Europa en enero de 1809. El control de Francia sobre el continente era casi total a pesar de las distracciones de la guerra Peninsular. Austria ya había sido humillada por Napoleón y había perdido una considerable cantidad de territorio. Los Habsburgo querían recuperar algunas de sus posesiones en el extranjero. El ejército austriaco había sido reformado y el gobierno estaba dispuesto a arriesgarse.

En consecuencia, el emperador Francisco I ordenó a los austriacos invadir Baviera el 10 de abril de 1809. Fue un error porque Baviera era aliada de Francia, y Napoleón estaba obligado a acudir en su defensa. Esto dio comienzo a la guerra de la Quinta Coalición.

Austria esperaba que Prusia le ayudara, pero el ejército prusiano era demasiado pequeño y no estaba dispuesta a arriesgarse a una derrota. Gran Bretaña envió subsidios financieros a Austria, pero estaba claro que la principal fuerza que se enfrentaría a Napoleón sería Austria esta vez.

Cambios en el ejército

Los austriacos habían trabajado para modernizar su ejército. El archiduque Carlos, comandante en jefe del ejército austriaco, introdujo varias reformas. Estas incluían la reorganización del ejército en líneas y cuerpos de reserva que se asemejaban a la organización de las tropas de Napoleón. Además, Carlos introdujo el reclutamiento masivo que suministró tropas frescas. Austria fue capaz de desplegar el mayor ejército que jamás había visto.

Luchar contra Napoleón era una apuesta que el emperador Francisco I estaba dispuesto a asumir. La guerra Peninsular hizo que los franceses dirigieran cientos de miles de soldados a la península ibérica. Parecía que las probabilidades estaban ligeramente a favor de los austriacos.

Sin embargo, Napoleón era consciente de la acumulación austriaca y se preparó para la posibilidad de una guerra. Ordenó un contraataque después de que los austriacos invadieran Baviera. Tras varias batallas, los franceses se enfrentaron a los austriacos en Eckmuuhl el 22 de abril de 1809. Los austriacos lucharon mejor que antes, aunque perdieron esa batalla gracias a que Napoleón llegó justo a tiempo. Napoleón capturó Viena el 13 de mayo, pero el ejército austriaco seguía en campaña y, aunque ensangrentado, podía seguir luchando.

Una sorpresa grosera

Napoleón quería acabar con el ejército austriaco que dirigía el archiduque Carlos, así que hizo marchar al ejército francés fuera de Viena para encontrarlo. Los austriacos en retirada habían destruido los puentes del Danubio. Napoleón se vio obligado a desplazarse río abajo y construir un puente de pontones hasta la isla de Lobau el 20 de mayo. Se construyó otro puente desde esa isla hasta la otra orilla del Danubio, y las tropas francesas se desplazaron al otro lado y ocuparon Aspern y Essling.

El archiduque Carlos no impugnó el cruce. Quería atacar a parte del ejército francés que cruzó y derrotarlo antes de que el resto pudiera acudir en su ayuda. Los austriacos atacaron el 21 de mayo y los franceses pudieron rechazarlos. El archiduque Carlos reanudó la ofensiva el 22 de mayo. Un ataque de la reserva austriaca, dirigido por el propio archiduque Carlos, alcanzó el flanco izquierdo de los franceses y obligó a Napoleón a retirarse a una posición defensiva. La batalla de Aspern-Essling terminó con la derrota de Napoleón.

La victoria supuso una importante inyección de moral para los austriacos. Por desgracia, el archiduque Carlos no aprovechó el éxito. Napoleón devolvería el golpe unas semanas más tarde[i].

Wagram

Los ejércitos francés y austriaco se encontraban ahora en orillas opuestas del Danubio. Napoleón no cedería y comenzó a reunir más tropas para un segundo intento de destruir al ejército austriaco. Tardó varias semanas, pero a principios de julio tenía preparados casi 170.000 soldados y 600 piezas de artillería. Los austriacos pudieron reunir 140.000 hombres y 400 cañones. Los franceses comenzaron a cruzar el río el 4 de julio de 1809.

La batalla de Wagram comenzó el 5 de julio. Hubo intensos combates y los franceses lograron algunos avances, pero los austriacos se encontraban en posiciones defensivas que no podían ser franqueadas. Ambos bandos sufrieron grandes bajas el primer día.

Napoleón dio una demostración de conmoción y pavor el 6 de julio. Su artillería estaba posicionada en grandes baterías, y el enfrentamiento comenzó con un enorme duelo de artillería en el que más de mil cañones abrieron fuego entre sí. A esto siguió un ataque masivo coordinado de los franceses, con el mariscal Davout atacando el ala izquierda de los austriacos y el mariscal Masséna apuntando a la derecha.

Un asalto central de los franceses rompió las líneas austriacas, mientras que, al mismo tiempo, la caballería francesa cargó contra las reservas austriacas. Bajo la enorme presión del enemigo que avanzaba, el archiduque Carlos ordenó la retirada.

Wagram fue una enorme batalla en la que se enfrentaron 300.000 soldados. También destaca por el uso de artillería masiva que causó un total de casi setenta y siete mil bajas. Las pérdidas debilitaron seriamente al ejército de Napoleón, pero los austriacos no pudieron presionar más.

---

[i] Hickman, K. (2015, 10 de marzo). Guerras Napoleónicas: Batalla de Aspern-Essling. Obtenido de Thoughtco.com: https://www.thoughtco.com/napoleonic-battle-of-aspern-essling-2361108.

Comenzaron las negociaciones de paz entre Austria y Francia, que desembocaron en el Tratado de Schönbrunn, firmado el 14 de octubre de 1809[i].

El tratado fue una vergüenza para Austria. Se extirpó territorio adicional del Imperio austriaco y se entregó a Francia y a los aliados franceses. José Bonaparte fue reconocido formalmente como rey de España, y Austria se vio obligada a pagar una gran indemnización. Además, el ejército austriaco se redujo a 150.000 hombres, y Austria pasaría a formar parte del Sistema Continental. Sin embargo, una concesión austriaca fue más personal[ii].

El divorcio

La relación de Napoleón con su esposa Josefina era compleja. Ambos eran infieles, pero Napoleón estaba profundamente enamorado de su esposa. El principal problema era que Josefina no podía producir un heredero. En 1809, ya había pasado su edad fértil. Napoleón necesitaba un sucesor varón para continuar su dinastía. Josefina ya no podía satisfacer esa necesidad para él.

Napoleón se divorció formalmente de Josefina el 15 de diciembre de 1809. Dejó claro que el divorcio era necesario por el bien de Francia. Fue generoso y permitió que su ex esposa conservara su título de emperatriz. Se le concedió una residencia en el castillo de Malmaison y una importante compensación económica. Ambos mantuvieron una relación amistosa a pesar del divorcio.

El matrimonio austriaco

Los Habsburgo tenían fama de utilizar los matrimonios como herramienta diplomática. Vieron una oportunidad de ganar mejores relaciones con Francia casando a Napoleón con la hija del emperador Francisco I, María Luisa. Las negociaciones entre Francia y Austria comenzaron en enero de 1810. El 9 de marzo de 1810 se acordó un contrato matrimonial y María Luisa se casó con Napoleón por poderes el 11 de marzo de 1810. Se celebró un matrimonio civil el 1 de abril de

---

[i] Frithowulf, H. (2024, 29 de febrero). La batalla de Wagram: El golpe maestro de Napoleón. Extraído de Malevus.com: https://malevus.com/battle-of-wagram/.

[ii] Britannica, T. E. (2024, 11 de junio). Tratado de Schonbrunn. Extraído de Britannica.com: https://www.britannica.com/event/Treaty-of-Schonbrunn.

1810, cuando María Luisa llegó a Francia, y una ceremonia religiosa el 2 de abril[i].

María Luisa era muy joven (tenía dieciocho años en el momento del matrimonio), pero comprendió su deber. El 20 de marzo de 1811 dio a luz a un niño sano que recibió el nombre de su padre. Napoleón tenía ahora el heredero que tan desesperadamente había deseado.

La emperatriz María Luisa con su hijo, que recibió el título de «Rey de Roma». Retrato de Jacques Franque[19]

---

[i] Napoleon.org. (2010, marzo). El matrimonio de Napoleón I y María Luisa de Austria. Extraído de Napoleon.org: https://www.napoleon.org/en/history-of-the-two-empires/timelines/the-marriage-of-napoleon-i-and-marie-louise-of-austria/.

Los ojos puestos en Rusia

Napoleón era el amo de Europa, y Gran Bretaña era la única nación lo bastante fuerte como para seguir luchando contra él. Sin embargo, el emperador francés estaba cansado de librar guerras de coalición. Redujo con éxito el poder militar de Prusia y Austria, pero había un último país que podía presentar un ejército considerable contra él: Rusia. Napoleón necesitaba neutralizar cualquier amenaza potencial procedente del este y atar al Imperio ruso más cerca de Francia.

Sin embargo, Rusia no cooperaba. Había aceptado formar parte del Sistema Continental, pero esas restricciones comerciales perjudicaban a la economía rusa. El zar Alejandro hizo la vista gorda ante las violaciones, permitiendo a los rusos comerciar descaradamente con Gran Bretaña. A pesar de las declaraciones de amistad, Napoleón y el zar Alejandro no confiaban el uno en el otro. A Napoleón le seguía preocupando que Rusia acabara despreciando el Tratado de Tilsit y se convirtiera en aliada de los enemigos de Francia. Bonaparte llegó finalmente a la conclusión de que un ataque preventivo de proporciones masivas sería la mejor manera de poner a Rusia a raya.

Una fuerza masiva

Napoleón organizó una de las mayores fuerzas militares de la historia europea para dar una lección a Rusia. Reunió un ejército de casi 600.000 hombres de todas las partes del Imperio francés, incluyendo Francia, Italia, Polonia y sus aliados alemanes. Su fuerza de invasión se dividió en tres grupos principales.

- El Grupo de Ejércitos Norte estaría bajo el mando del mariscal Étienne Macdonald y se concentraría en la región del Báltico.
- El Grupo de Ejércitos Centro estaba bajo el mando directo de Napoleón y su objetivo era Moscú.
- El Grupo de Ejércitos Sur estaba al mando de Karl Philipp, príncipe de Schwarzenberg, y se le asignó asegurar el flanco sur de cualquier ataque ruso.

Un desafío inmediato para esta fuerza militar fueron las barreras lingüísticas. La planificación logística de la invasión era asombrosa.

La invasión de Rusia sería mayor que cualquiera de las campañas anteriores de las guerras napoleónicas. Alimentar y abastecer a las tropas fue una tarea monumental. Los franceses disponían de 20 batallones de trenes, con 7.848 carros y vagones encargados de suministrar provisiones al ejército para 40 días. Además, se crearon convoyes de suministros auxiliares para transportar suficientes suministros médicos, harina y pan para abastecer a 300.000 hombres durante 2 meses.

Se establecieron depósitos de suministros en Danzig, Magdeburgo y Breslow. El Grupo de Ejércitos Central tenía provisiones suficientes para los grupos Norte y Sur y se enfrentó a problemas de abastecimiento provocados por la priorización de los suministros para el Grupo Central y las incursiones rusas[i].

La Grande Armée cruzó el río Niemen el 24 de junio de 1812. Napoleón esperaba una campaña relativamente corta, y las fases iniciales de la invasión transcurrieron sin problemas.

Napoleón también preveía un enfrentamiento inmediato con el ejército ruso. Se sintió decepcionado.

Desafíos de la lucha en Rusia

Napoleón subestimó enormemente el tamaño de Rusia. La nación era inmensa y se extendía a lo largo de miles de kilómetros. También descubrió que el sistema de carreteras era tan primitivo que una tormenta podía convertir el camino en un pantano fangoso en cuestión de minutos. Alejandro había ordenado una política de tierra quemada, y donde antes había habido hectáreas de trigo fluyendo con la brisa no había más que tallos quemados.

Bonaparte había esperado que una o dos batallas importantes determinaran el resultado. En su defensa, eso ocurrió en las otras guerras de coalición; un enfrentamiento importante se saldaba con una victoria aplastante y comenzaban las negociaciones de paz. El zar Alejandro no siguió las reglas de Napoleón. En su lugar, los rusos siguieron retrocediendo, negando al enemigo la oportunidad de luchar[ii].

Napoleón era consciente de lo que estaba haciendo el enemigo, pero siguió avanzando. Esperaba que capturando Moscú podría convencer a Alejandro de que entablara negociaciones de paz. Era una suposición equivocada. Alejandro había madurado desde la derrota de Austerlitz. Esta vez, escuchó atentamente a sus comandantes en el campo de batalla

---

[i] Thenapoleonicwars.net. (2024, 11 de junio). La invasión de Rusia por Napoleón. Extraído de Thenapoleonicwars.net: https://www.thenapoleonicwars.net/invasion-of-russia.

[ii] Historyskills.com. (2024, 11 de junio). La catastrófica invasión de Rusia por Napoleón: Un error de cálculo militar de proporciones épicas. Extraído de Historyskills.com: https://www.historyskills.com/classroom/modern-history/napoleon-s-russian-invasion/.

y estuvo de acuerdo con la estrategia de retirarse. Las líneas de suministro de los franceses se estaban estirando hasta el límite y los ataques rusos a las columnas estaban minando la moral de los invasores.

Finalmente, se produjo una batalla entre franceses y rusos. Tuvo lugar en Smolensk del 16 al 18 de agosto. Lo notable de este encuentro fue el bombardeo de la ciudad por la artillería francesa. Aproximadamente el 84% de los edificios fueron destruidos y solo quedaron mil habitantes. La estrategia de retirada había seguido su curso. Los rusos comenzaron a organizarse para resistir a los franceses en una batalla campal[i].

Borodino

Borodino se encuentra aproximadamente a ochenta millas al oeste de Moscú. La zona tiene características defensivas naturales, como un río y, lo que es más importante, crestas que podían fortificarse. El comandante ruso, el mariscal Mijaíl Kutuzov, eligió este lugar para plantar cara.

Se construyeron varias fortificaciones para reforzar la línea defensiva rusa. El reducto Raevsky, situado en el centro, y los flechazos Bagration en el extremo sur de la línea rusa fueron los más destacados. La artillería reforzó la defensa, y los rusos contaban con más de seiscientos cañones.

Los franceses llegaron al campo de batalla, que comenzó el 7 de septiembre. La artillería francesa bombardeó las posiciones rusas y creó importantes brechas. Se produjo un importante ataque francés en los flèches Bagration, pero los combates más encarnizados tuvieron lugar en el reducto Raevsky. El reducto cambió de manos numerosas veces durante la batalla.

Ambos bandos realizaron ataques y contraataques. Los historiadores han criticado a Napoleón por no enviar a su Guardia Imperial a pesar de que sus mariscales le rogaron que lo hiciera. Su reticencia permitió a los rusos endurecer sus líneas. Los combates se hicieron más intensos y ambos bandos sufrieron numerosas bajas. El reducto Raevsky fue finalmente capturado y los rusos se retiraron. La batalla había terminado técnicamente.

---

[i] DetailedPedia.com. (2024, 11 de junio). Batalla de Smolensk (1812). Extraído de Detailedpedia.com: https://www.detailedpedia.com/wiki-Battle_of_Smolensk_%281812%29.

La batalla de Moscú por Louis-François, barón Lejeune[30]

El 7 de septiembre de 1812 fue el día más sangriento de todas las guerras napoleónicas. Ambos bandos estaban demasiado exhaustos al final del día para continuar la lucha. Napoleón había ganado tácticamente la batalla, pero el ejército ruso pudo retirarse en buen orden. Lucharían otro día.

Napoleón y su ejército lograron un objetivo militar primordial el 14 de septiembre, pues ese fue el día en que los franceses entraron en Moscú. Napoleón quería la ciudad y le costó miles de veteranos conseguirla. Entró en la ciudad y recibió una gran sorpresa.

Moscú estaba abandonada.

Los ciudadanos habían huido de la ciudad. Napoleón descubrió rápidamente que la política rusa de tierra quemada no solo se aplicaba a los campos de trigo. Los incendiarios prendieron fuego a Moscú a partir de la noche del 14 de septiembre. En pocos días, Napoleón tenía el control de una ciudad incendiada.

Se intentó llegar hasta el zar para entablar negociaciones de paz, pero Alejandro se mostró desinteresado. Napoleón esperó varias semanas, pero no hubo respuesta de San Petersburgo. Los suministros empezaban a escasear y el emperador francés se dio cuenta de que tenía que evacuar la ciudad. El 19 de octubre de 1812, la Grande Armée marchó fuera de Moscú. Se enfrentaría a un decidido ejército ruso con un aliado al que ni siquiera Napoleón pudo derrotar.

Los rusos hostigaron al ejército francés en retirada. Napoleón pretendía conducir a sus tropas por el terreno que no había sido devastado por la guerra. Kutuzov no iba a permitirlo. El 24 de octubre de 1812, los rusos se enfrentaron a los franceses en la ciudad de Maloyaroslavets. Los franceses ganaron, pero los rusos se retiraron hacia Kaluga y bloquearon la ruta prevista por Napoleón. Los franceses tuvieron que retirarse hacia el noroeste a través de Smolensk, lo que significaba que Napoleón avanzaba por la ruta que habían utilizado para acercarse a Moscú. La tierra ya había sido devastada, lo que hacía difícil vivir de ella.

Invierno general

Rusia ha confiado durante mucho tiempo en el clima para ayudar a repeler las invasiones. El rey Carlos XII de Suecia lo aprendió en el siglo XVIII. Hitler descubriría la amenaza que supondría el general Invierno en el siglo XX. La primera tormenta de nieve que soportaron los franceses se produjo el 6 de noviembre de 1812, y no sería la última.

El tiempo invernal fue brutal. Las temperaturas cayeron hasta -22°F, y los soldados sufrieron congelaciones porque no se les había proporcionado ropa de invierno. Los caballos también sufrieron porque no tenían herraduras adecuadas para el hielo y la nieve. Los franceses ya habían sufrido un gran número de bajas en las batallas, y ahora la Grande Armée perdía hombres por inanición e hipotermia. Y aun así, los rusos seguían hostigándoles[i].

---

[i] Napoleon.org. (2024, 11 de junio). La campaña rusa de Napoleón: La Retirada. Extraído de Napoleon.org: https://www.napoleon.org/en/history-of-the-two-empires/timelines/napoleons-russian-campaign-the-retreat/.

Una representación de lo que tuvieron que afrontar las fuerzas francesas durante el duro invierno ruso[11]

Cruzando el río Berezina

La Grande Armée siguió adelante a pesar de las terribles condiciones. El río Berezina bloqueaba el avance hacia el oeste y el ejército debía cruzarlo. Los rusos ya se habían adelantado y habían capturado el puente que cruzaba el río y lo destruyeron una vez que se hicieron con el control de la orilla oeste el 23 de noviembre de 1812. Los franceses construyeron dos puentes de pontones a pesar de estar siendo fuertemente atacados. Cruzaron el río del 26 al 29 de noviembre, pero perdieron miles de hombres en el proceso y la mayor parte del equipaje del ejército.

Napoleón se marcha

No todo iba bien de vuelta en París. El general Claude François de Malet difundió el rumor de que Napoleón había muerto e intentó dar un golpe de estado el 23 de octubre. No tuvo éxito y el general fue ejecutado, pero Napoleón se sintió muy perturbado cuando le llegó la noticia. Estaba tan preocupado de que este no fuera el único intento de derrocarle que decidió regresar a Francia. Partió hacia París el 5 de diciembre y estuvo en la capital francesa antes de Navidad.

Mientras tanto, el ejército francés entró en Vilna bajo el mando del mariscal Murat. La moral de los soldados estaba muy baja debido a la marcha de Napoleón, y lo peor estaba por llegar. El ejército sufrió un brote de tifus que mató a miles de hombres. Murat decidió abandonar Vilna. El 12 de diciembre, Kutuzov y sus tropas marcharon hacia la ciudad. Los últimos soldados franceses cruzaron el río Nieman y dejaron atrás Rusia el 14 de diciembre de 1812. La campaña había terminado.

La retirada habría sido peor de no haber sido por los esfuerzos del mariscal Ney. Estaba al mando de la retaguardia y rechazó los ataques de los rusos y de los partisanos cosacos a cada paso de la retirada. Su última acción fue en el río Nieman, protegiendo lo que quedaba del ejército de los asaltos finales. El valor obstinado de Ney y su mando de los soldados en circunstancias horribles consolidaron su reputación como uno de los mejores mariscales de Francia durante las guerras napoleónicas.

<ins>La factura del carnicero</ins>

Las cifras de bajas de la campaña rusa fueron desalentadoras. Aproximadamente 563.000 hombres habían muerto, estaban heridos o desaparecidos cuando las fuerzas francesas abandonaron Rusia. Además, casi 200.000 caballos y más de 1.000 piezas de artillería se perdieron en el esfuerzo[i].

La campaña rusa fue un desastre sin precedentes. Los franceses estaban acostumbrados a ganar grandes victorias y guerras. Ahora, sus filas militares estaban devastadas. Además, los aliados franceses perdieron hombres en una campaña que era una empresa sin esperanza. Otros países europeos notaron el declive de Francia.

Prusia y Austria aún estaban dolidas por las humillaciones pasadas. Un Napoleón derrotado presentaba una posible oportunidad para recuperar los territorios y el prestigio perdidos. Gran Bretaña estaba dispuesta a proporcionar apoyo financiero, y los rusos estaban muy animados por su victoria. Lo que antes se consideraba imposible, que Napoleón pudiera ser derrocado, empezaba a parecer posible. El año 1813 iba a ser todo un reto para Bonaparte.

---

[i] Nueva Enciclopedia Mundial. (2024, 11 de junio). Invasión francesa de Rusia. Extraído de New World Encyclopedia.com:
https://www.newworldencyclopedia.org/entry/French_invasion_of_Russia#Retreat_and_losses.

Capítulo 10: La guerra de la Sexta Coalición y la abdicación

Francia quedó tambaleante tras el desastre ruso. Aproximadamente 300.000 soldados franceses, entre ellos muchos veteranos curtidos, murieron en la campaña. El Sistema Continental fue un completo fracaso, y Francia experimentaba problemas económicos provocados por la guerra y las limitaciones de los mercados. El resultado más significativo de la campaña rusa fue el daño a la imagen de Napoleón. El emperador francés ya no era invencible; era vulnerable y humano. La mística que sirvió a sus propósitos durante años se desvaneció, y no pasó desapercibida en los demás países del continente.

Los antiguos enemigos de Francia vieron que el país estaba ahora paralizado. El Imperio francés y sus estados satélites se vieron sacudidos hasta la médula. Los ministros de las distintas capitales empezaban a preguntarse si habría alguna forma de poner fin a la era napoleónica y a las guerras que de ella se derivaron.

Prusia y Austria eran técnicamente aliados de Francia, pero buscaban venganza y la posible devolución del territorio perdido. Rusia había pagado un precio por su victoria en 1812, pero el orgullo nacional y la moral eran increíblemente altos. El ejército ruso sabía que podía derrotar a Napoleón y esperaba más oportunidades para hacerlo. Gran Bretaña saboreaba la idea de acabar por fin con un problema al que se había enfrentado durante años. Haría falta algo de sofisticada diplomacia y maniobras para lograr otra coalición.

Entra Metternich

El príncipe Klemens von Metternich era el ministro de Asuntos Exteriores de Austria y quizá el diplomático con más talento de su época. Era un conservador que esperaba restaurar la estabilidad en Europa.

Sin embargo, Metternich no quería necesariamente volver al statu quo. Los viejos regímenes del siglo XVIII no podían restaurarse por completo; las ideas revolucionarias eran ahora leyes. Lo que el príncipe austriaco quería era un equilibrio de poder en Europa. Una nación no debía dictar las condiciones a todas las demás. En su lugar, equilibrar una potencia contra otra haría que la negociación fuera más aceptable que la guerra.

Realineamiento

Prusia tuvo que proporcionar tropas para la campaña rusa. Tras la derrota de Napoleón, el ejército ruso marchó hacia Prusia y capturó Königsberg el 4 de enero de 1813. Antes de esto, el comandante del contingente prusiano, el teniente general Johann Yorck von Wartenburg, firmó un armisticio con los rusos el 31 de diciembre de 1812. El rey Federico Guillermo III de Prusia denunció inicialmente el armisticio, pero hubo una oleada de entusiasmo público a favor de renunciar a todos los lazos con Francia.

Federico Guillermo III decidió no ir en contra del sentimiento popular y el 28 de febrero de 1813 firmó el Tratado de Kalisz con los rusos. Este tratado estipulaba que Prusia y Rusia estaban en alianza, y que ninguna negociaría con Napoleón independientemente de la otra. Juntas, Rusia y Prusia invadieron Sajonia en marzo de 1813.

La alianza de Austria con Francia terminó formalmente en febrero de 1813, y la nación adoptó una postura de neutralidad armada. En un principio, Austria se mostró reacia a entrar en cualquier coalición contra Napoleón. Esta vacilación era comprensible, dada la reciente historia de Austria de derrotas frente a los franceses.

Gran Bretaña buscaba cualquier oportunidad de eliminar a Napoleón, por lo que reclutó aliados activamente. Persuadió a Suecia para que entrara en una alianza militar el 3 de marzo de 1813, y las dos naciones declararon formalmente la guerra a Francia.

La génesis de una nueva coalición empezaba a tomar forma. Rusia declaró formalmente la guerra a Francia el 13 de marzo. Gran Bretaña estaba dispuesta a proporcionar subsidios financieros, y esa ayuda financiera fue cambiando poco a poco la opinión de la gente sobre entrar en una nueva guerra.

Napoleón a la ofensiva

Napoleón no dormía la siesta mientras todo esto ocurría. A principios de 1813, se dio cuenta de que necesitaba una revisión casi completa del ejército francés y se puso manos a la obra para devolver el nivel de tropas a un tamaño normal. El 11 de enero de 1813, Napoleón llamó a filas a la clase de reclutamiento que debía haber sido convocada en 1814 como contingente de 150.000 hombres y reclutó a otros 100.000 hombres de clases de reclutamiento anteriores. Retiró tropas de España, aunque dejó 150.000 soldados en la península. También se levantaron tropas adicionales, pero se trataba de soldados inexpertos que necesitaban entrenamiento. Los veteranos con los que se había contado en el pasado estaban ahora enterrados bajo la nieve en Rusia. No obstante, para el 15 de abril de 1813, Napoleón tenía 226.000 soldados bajo su mando y marchó fuera de París, en dirección a Alemania.

Metternich intentó negociar la paz y se reunió con Napoleón en abril de 1813. El diplomático austriaco pidió a Napoleón que devolviera Iliria al Imperio austriaco, se repartiera el Gran Ducado de Varsovia y disolviera la Confederación del Rin. Metternich advirtió a Napoleón que Austria intervendría contra el bando que no estuviera de acuerdo con estas propuestas. Napoleón rechazó los términos.

Napoleón dejó a su esposa como regente interina en París y tomó el mando de su Ejército del Meno. Cruzó el río Saale el 1 de mayo de 1813 y se dirigió en ayuda de Sajonia. Se enfrentó al ejército ruso-prusiano en Lützen el 2 de mayo y de nuevo del 20 al 21 de mayo en Bautzen. Ambas batallas se saldaron con victorias francesas.

Estos éxitos militares demostraron una vez más la perspicacia militar de Napoleón Bonaparte. No dirigía un ejército de veteranos curtidos en batalla como en campañas anteriores, pero aun así era capaz de ganar. Además, estaba llevando la lucha al enemigo y, a finales de mes, las fuerzas de la coalición querían un armisticio. Napoleón accedió a detener la lucha, y el armisticio de Plaaswitz, firmado el 4 de junio, proporcionó una paz temporal que duraría hasta el 18 de agosto de 1813[1].

---

[1] Mark, H. W. (2023, 4 de septiembre). Guerra de la Sexta Coalición. Extraído de World History Encyclopedia: https://www.worldhistory.org/War_of_the_Sixth_Coalition/.

Metternich mediador

Metternich continuó con su papel de mediador de paz y se reunió con Napoleón el 26 de junio en Dresde. Metternich informó a Bonaparte de las condiciones pendientes y advirtió que Austria se uniría a la coalición si no se aceptaban dichas condiciones. Las condiciones incluían lo siguiente

- Francia entregando las Provincias Ilirias a Austria
- El reconocimiento por parte de Francia de la independencia de la Confederación del Rin
- La retirada de todas las tropas francesas de Alemania e Italia
- El abandono por Francia del Gran Ducado de Varsovia
- Francia restableciendo la independencia de Hesse-Kassel, Hannover y las ciudades libres de Hamburgo y Lübeck
- La devolución de los Estados Pontificios, Piamonte y todas las posesiones alemanas de la Casa de Orange a sus anteriores propietarios
- El restablecimiento por Francia de las fronteras de 1806 con Prusia

Esta reunión tuvo lugar en el momento menos oportuno para Metternich. Napoleón había ganado anteriormente batallas contra la coalición y confiaba en obtener nuevos éxitos militares. El emperador rechazó de plano las condiciones.

En retrospectiva, esas condiciones eran un poco cínicas. Metternich probablemente sabía que Francia las rechazaría y que las hostilidades continuarían con Austria luchando del lado de la nueva alianza. La situación era propia de la realpolitik del siglo XIX. Austria había sido aliada de Francia en 1812. En 1813, la situación había cambiado radicalmente, y Metternich vio la posibilidad de recuperar terreno y reputación al tiempo que ganaba algo de tiempo para que Austria se rearmara[i].

---

[i] Cheikh, M. (2020, 24 de septiembre). ¿Fueron auténticas las Ouvertures de Paz de Metternich en 1813? Extraído de Thenapoleonicwars.net:
https://www.thenapoleonicwars.net/forum/napoleon/were-metternich-s-peace-ouvertures-in-1813-genuine.

Los Tratados de Reichenbach

En junio de 1813 se produjeron otros movimientos diplomáticos significativos. El 14 de junio de 1813, Gran Bretaña firmó un tratado con Prusia, acordando proporcionar un subsidio financiero de 666.666 libras a Prusia. Al día siguiente, Gran Bretaña firmó otro tratado con Rusia, que prometía un subsidio de 1.333.334 libras. El dinero prometido financiaría 80.000 soldados prusianos y 160.000 soldados rusos. El 27 de junio de 1813 se firmó un último tratado. Esta vez fue entre Prusia, Rusia y Austria. Austria aceptó entrar formalmente en la guerra contra Napoleón.

Los miembros de la Sexta Coalición se reunieron en Trachtenberg el 2 de julio para preparar una estrategia de guerra. Se decidió que medio millón de hombres se desplegarían en tres grupos de ejércitos para oponerse a Napoleón. Estos no estaban divididos por nacionalidades; cada ejército sería multinacional, asegurando que habría cooperación entre las naciones miembros.

El plan suponía una desviación de la forma habitual de enfrentarse a Napoleón. Debía evitarse la confrontación con Bonaparte. En su lugar, la Sexta Coalición se concentraría en derrotar a los mariscales franceses. Habría una mejor coordinación entre los aliados que antes, y se interrumpirían las líneas de suministro del ejército francés siempre que fuera posible.

El príncipe heredero Carlos Juan de Suecia fue el principal arquitecto del Plan Trachtenberg. Se le conocía formalmente como Jean-Baptiste Bernadotte y había sido en el pasado uno de los mariscales más fiables de Napoleón. El príncipe heredero era ahora uno de los principales consejeros de la coalición y comprendía las

Retrato de Carlos XIV Juan tras convertirse en rey de Suecia y Noruega[22]

estrategias de Napoleón y su estado de ánimo. Carlos Juan sería inestimable en los meses venideros.

El Congreso de Praga

Como último esfuerzo para mediar en la paz, el Congreso de Paz de Praga se reunió en julio y agosto, pero no salió nada de él. El armisticio expiró y la lucha comenzó de nuevo. El plan de acción de la coalición estaba funcionando, y el mariscal francés Nicolas Oudinot fue derrotado el 23 de agosto en Grossbeeren, y el mariscal Macdonald fue derrotado en Katzbach el 27 de agosto.

Dresde era un importante depósito de suministros en la base de operaciones del ejército de Napoleón. La coalición quería capturarlo, pero Napoleón se enteró de lo que la coalición planeaba hacer y rápidamente trasladó refuerzos a Dresde, iniciando la marcha el 23 de agosto. Su ejército fue capaz de recorrer 120 millas en solo cuatro días.

Napoleón se enfrentó a la Sexta Coalición del 26 al 27 de agosto en la batalla de Dresde. Las condiciones meteorológicas eran terribles y Napoleón utilizó la artillería para obligar a los ejércitos de la coalición a abandonar el campo de batalla. Técnicamente fue una victoria para Napoleón, pero no pudo continuar con el éxito y las fuerzas de la coalición pudieron retirarse en buen orden[i].

La batalla de Leipzig

La batalla de Leipzig también se conoce como la batalla de las Naciones y se libró del 16 al 19 de octubre de 1813. Fue la batalla más crucial de la guerra de la Sexta Coalición.

Los ejércitos de la Sexta Coalición pudieron coordinar su actividad y atacaron en múltiples direcciones. La fuerza militar se aproximaba a los 380.000 hombres, que superaban en número a las 225.000 tropas francesas. La línea de batalla se extendía entre doce y veinticinco millas, y los ejércitos combatientes desplegaron más de dos mil piezas de artillería.

La Sexta Coalición rodeó gradualmente al ejército francés y ejerció presión por todos los flancos. Napoleón adoptó una posición central, lo que permitió a su ejército responder más eficazmente a los ataques. El emperador francés ordenó varios contraataques para intentar salir del

---

[i] Britannica, T. E. (2024, 14 de mayo). Batalla de Dresde. Extraído de Britannica.com: https://www.britannica.com/event/Battle-of-Dresden.

cerco y fortificó las posiciones alrededor de Leipzig, lo que ralentizó los movimientos de la coalición.

El momento decisivo llegó el 18 de octubre. Las tropas sajonas que luchaban a favor de los franceses desertaron. Se pasaron a la coalición, lo que dañó la moral de las fuerzas francesas. Los nuevos refuerzos fortalecieron a la Sexta Coalición y les permitieron presionar considerablemente las líneas francesas.

Los franceses se vieron obligados a retirarse el 19 de octubre, y una explosión prematura destinada a destruir el único puente sobre el río Elster causó la muerte de miles de franceses y la captura de treinta mil soldados franceses. Lo que quedaba de la Grande Armée consiguió finalmente cruzar el río y se encontraba en plena retirada hacia el Rin.

Leipzig fue la batalla más sangrienta librada en las guerras Napoleónicas. Hubo entre 80.000 y 110.000 bajas. Los franceses perdieron 325 piezas de artillería y más de cincuenta generales se encontraban entre las bajas.

La batalla de Leipzig por Vladimir Moshkov[98]

Napoleón estaba acabado en Alemania. Sus aliados empezaban a abandonarle y sus enemigos estaban ahora unidos en un plan bien pensado para derrotarle. Lo peor estaba aún por llegar.

<u>Invasión de Francia, 1814</u>

Mientras las cosas se desmoronaban en Alemania, la guerra Peninsular se convirtió en un desastre. El duque de Wellington ganó la batalla de Vitoria el 21 de junio de 1813 y, tras ese éxito, se tomó Madrid. Los franceses se retiraron hacia el norte, hacia los Pirineos, con los británicos en su persecución. El último bastión francés en España, San Sebastián, cayó en septiembre de 1813. Wellington cruzó entonces los Pirineos. Su ejército se encontraba ahora en el sur de Francia.

La oposición francesa a la Sexta Coalición estaba cayendo como un castillo de naipes. Napoleón logró algunas victorias, sobre todo durante una campaña de seis días en febrero de 1814, pero estos logros fueron poco más que acciones dilatorias. Los ejércitos de la Sexta Coalición entraron en París el 31 de marzo de 1814. Aunque Napoleón quería continuar, sus mariscales sabían que la victoria sería imposible. Lo único honorable que podía hacer el emperador francés era abdicar. El 6 de abril de 1814, Napoleón cedió a la exigencia de la coalición de una abdicación incondicional. El Tratado de Fontainebleau se firmó el 11 de abril, y Napoleón se vio obligado a exiliarse en la isla de Elba, frente a la costa italiana.

El Congreso de Viena

La Sexta Coalición tuvo éxito donde otras habían fracasado. Napoleón Bonaparte ya no era la fuerza dominante en Europa. Los cañones callaron y Europa estaba en paz. Sin embargo, las potencias europeas se enfrentaban a un reto importante. Las guerras napoleónicas habían sido un periodo de conflictos y enormes cambios. Era esencial establecer una paz duradera y la normalidad.

El 1 devnoviembre de 1814 se celebró en Viena una conferencia de las principales potencias. Klemens von Metternich presidió la conferencia. El Congreso de Viena influyó en la política europea del siglo siguiente.

Los representantes no estaban interesados en preservar ninguna de las nuevas libertades creadas por las guerras napoleónicas. Querían restaurar una sensación de estabilidad y paz en Europa. Esencialmente, los representantes buscaban alcanzar alguna forma de *status quo ante*.

Cinco grandes países europeos desempeñaron papeles decisivos en el Congreso de Viena.

- Austria estuvo representada por el príncipe Klemens von Metternich.
- Rusia estuvo representada por el zar Alejandro I.
- Prusia estuvo representada por el príncipe Karl August von Hardenberg.

- Gran Bretaña estuvo representada en un principio por el Secretario de Asuntos Exteriores, el vizconde Castlereagh, y más tarde por el duque de Wellington.

¿Y el quinto? Era Francia. Charles Maurice de Talleyrand-Périgord, ministro de Asuntos Exteriores francés, representó los intereses de Francia en el congreso. A pesar de ser derrotada, Francia desempeñó un papel destacado en el Congreso de Viena gracias a las habilidades diplomáticas de Talleyrand.

<u>Redibujando Europa</u>

Napoleón había cambiado las fronteras de los países europeos y ahora, el Congreso de Viena iba a redibujar el mapa. Esto no significaba que las fronteras fueran a volver a sus respectivas posiciones anteriores a las guerras napoleónicas. Iba a haber una nueva Europa.

Un nuevo Reino de los Países Bajos fue uno de los cambios territoriales. Este nuevo Estado incluiría a Bélgica y serviría de amortiguador entre Alemania y Francia. Suiza fue reconocida como país permanentemente neutral y fue otro estado tapón, esta vez entre Francia e Italia[i].

Se abordó la cuestión de qué hacer con Alemania. El restablecimiento del Sacro Imperio Romano Germánico quedaba descartado; ese imperio quedaba relegado a los libros de historia. La Confederación del Rin tampoco continuó. En su lugar se creó la Confederación Germánica, una asociación de treinta y nueve estados alemanes. Estaría bajo el control de Austria y se estableció principalmente para la defensa mutua.

Por muy buenas intenciones que tuviera el Congreso de Viena, los principales actores tenían agendas que incluían ganar territorio. Austria recibió el control de Lombardía y Venecia y tierras en los Balcanes. Prusia recibió dos quintas partes de Sajonia y amplios territorios nuevos en Westfalia y la orilla izquierda del Rin. Rusia insistió en el territorio polaco, lo que provocó algunas fricciones porque a Austria y Gran Bretaña les preocupaba que Rusia adquiriera demasiado poder. Al final, Rusia recibió dos tercios de lo que era el Gran Ducado de Varsovia[ii]

---

[i] Britannica, T. E. (2024, 12 de junio). Resumen del Congreso de Viena. Extraído de Britannica.com: https://www.britannica.com/summary/Congress-of-Vienna.

[ii] Schneid, F. C. (2024, 12 de junio). Congreso de Viena. Extraído de Encyclopedia.com:

En otros repartos de tierras, el estado alemán de Hannover fue ampliado, Piamonte obtuvo la posesión de Génova, los Estados Pontificios fueron devueltos al papa, Dinamarca perdió Noruega en favor de Suecia, pero obtuvo Lauenburg como compensación, y la Pomerania sueca fue transferida a Prusia. Las posesiones coloniales de Gran Bretaña aumentaron, ya que los británicos recibieron Malta, el Cabo de Buena Esperanza y Ceilán. Francia quedó reducida a sus fronteras originales de 1792[i].

Se restauraron las monarquías. Los Borbones volvieron al trono de Francia y Fernando VII fue de nuevo rey de España. Los soberanos de Portugal, Nápoles y Cerdeña fueron restaurados. Francia perdió territorios tomados durante la Revolución Francesa y la era napoleónica, pero no le fue tan mal, principalmente por los esfuerzos de Talleyrand.

El ministro de Asuntos Exteriores francés era un camaleón político. Fue obispo católico romano antes de la Revolución Francesa. Se convirtió en un ardiente revolucionario, pero más tarde cambió de bando cuando Napoleón Bonaparte subió al poder. Napoleón tenía sentimientos encontrados hacia él, pero reconoció las habilidades diplomáticas de Talleyrand. Tras la abdicación de Napoleón, el rey francés, Luis XVIII, nombró a Talleyrand su ministro de Asuntos Exteriores. La habilidad de Talleyrand para enfrentar a un bando contra otro durante el Congreso de Viena evitó que Francia tuviera que ceder aún más territorio[ii]

En el Congreso de Viena se abordaron otras cuestiones, como la libre navegación de los ríos internacionales y una declaración que abogaba por la abolición del comercio de esclavos. El logro más significativo fue el entendimiento de que todo ello crearía estabilidad en Europa, con negociaciones que sustituirían a los conflictos armados.

---

https://www.encyclopedia.com/history/encyclopedias-almanacs-transcripts-and-maps/congress-vienna.

[i] Britannica.com. (2024, 12 de junio). Decisiones del Congreso. Extraído de Britannica.com: https://www.britannica.com/event/Congress-of-Vienna/Decisions-of-the-congress.

[ii] Godechot, J. (2024, 13 de mayo). Charles-Maurice de Talleyrand, Príncipe de Benevent. Extraído de Britannica.com: https://www.britannica.com/biography/Charles-Maurice-de-Talleyrand-prince-de-Benevent.

El Congreso de Viena fue también un gran acontecimiento social. Los delegados fueron invitados a bailes, conciertos y otras formas de entretenimiento en grupo en los que se establecieron serios contactos. De hecho, muchos acuerdos se alcanzaron en el salón de baile antes de decidirse en la conferencia.

Los delegados podían felicitarse por haber creado una nueva Europa que, con suerte, sería más pacífica y amistosa. Sin embargo, en marzo de 1815, aquellos diplomáticos recibieron el golpe de sus vidas.

Napoleón había vuelto.

Capítulo 11: Los Cien Días y Waterloo: La última batalla de Napoleón

El exilio no le sentó bien a Napoleón. El antiguo amo de Europa estaba ahora confinado en una pequeña isla frente a la costa de Italia. Antes había mandado a cientos de miles de hombres; ahora, tenía que conformarse con una guarnición de mil soldados. Napoleón tenía que sentarse a leer relatos de lo que el Congreso de Viena estaba haciendo para cambiar todo lo que él había logrado. Estaba más que aburrido; estaba furioso. Finalmente, el 26 de febrero de 1815, Napoleón Bonaparte escapó de Elba. Eludió a los barcos británicos que debían custodiarle y desembarcó en Francia el 1 de marzo de 1815. Inmediatamente se puso en camino hacia París.

Su avance hacia la capital francesa fue menos un viaje que un desfile imperial. El mariscal Ney, que había presionado a Napoleón para que abdicara, formaba parte de la administración borbónica. Fue enviado para arrestar a Napoleón, pero cuando Ney se encontró con su antiguo comandante, el mariscal cambió de bando y se unió a las filas de Bonaparte. Ese tipo de encuentro se repitió constantemente durante la marcha, a medida que los viejos veteranos acudían en masa al estandarte de su emperador.

Aunque su amor por Napoleón era genuino, muchos soldados franceses desertaron de los Borbones por su insatisfacción con el nuevo gobierno. El ejército fue reducido a niveles de tiempos de paz, y aproximadamente once mil oficiales fueron jubilados con media paga. Los que permanecieron en el ejército fueron obligados a presentarse ante superiores a los que restituyeron a los rangos que tenían antes de la revolución. Esto enfureció a aquellos hombres que habían ascendido en el escalafón gracias a su valentía y mérito. Incluso el mariscal Ney, ahora par de Francia, fue menospreciado por los aristócratas restaurados porque era plebeyo de nacimiento. Los veteranos recordaban las victorias pasadas y el prestigio del que gozaban como parte de la Grande Armée. Querían volver a su antigua gloria.

La dinastía borbónica no pudo montar una ofensiva contra esta oleada de sentimiento popular y Luis XVIII se vio obligado a huir. El Congreso de Viena declaró que Napoleón era un proscrito el 13 de marzo, pero eso no detuvo el avance de Bonaparte. Napoleón entró en París el 20 de marzo de 1815[i].

Los Cien Días

Diez de los antiguos mariscales de Napoleón le declararon lealtad, y Napoleón creó un gobierno que le ayudaría a cumplir sus objetivos. Se presentó ante la opinión pública francesa como un hombre cambiado que no estaba interesado en un gobierno autocrático ni en más conquistas. Se pidió a uno de sus críticos, Benjamin Constant, que redactara una nueva constitución. Constant creó un gobierno de poder compartido basado en el modelo británico. Habría un parlamento bicameral que trabajaría con el emperador. Se abolirían la censura y el comercio de esclavos. Todo formaba parte de una campaña de relaciones públicas para convencer a la gente de que Napoleón había acabado con los imperios, pero muy pocos le creyeron. Incluso hubo franceses que se le opusieron: Bretaña y las regiones de la Vendée se rebelaron.

Napoleón tenía problemas más importantes de los que preocuparse que las revueltas internas. Sus antiguos enemigos se unieron, ratificando un tratado de alianza el 25 de marzo. La Séptima Coalición incluía a Gran Bretaña, Rusia, Suecia, Austria, Prusia y varios estados europeos menores. Cada gran potencia se comprometía a proporcionar 150.000

---

[i] Nackaerts, B. (2024, 13 de junio). La falta de oposición a la ejecución del mariscal Ney. Extraído de Napoleon-series.org: https://www.napoleon-series.org/research/biographies/c_executeney.html.

hombres y, curiosamente, no declararon la guerra a Francia, sino al propio Napoleón.

Sin embargo, había un problema de coordinación. Los británicos y los prusianos estaban preparados para moverse inmediatamente, pero los austriacos y los rusos no. Por lo tanto, se decidió que la invasión de Francia tendría lugar el 1 de julio, cuando los distintos ejércitos estuvieran en campaña.

Napoleón no iba a esperar tanto. Planeaba llevar la batalla al enemigo antes de que pudiera organizarse por completo. Sin embargo, tuvo que moverse rápidamente para reunir una fuerza que se enfrentara a la coalición. A pesar de su anterior abdicación, Napoleón seguía siendo una figura muy popular y contaba con el apoyo de muchos franceses. Napoleón pidió voluntarios y restableció el servicio militar obligatorio. Las guerras habían sido brutales para Francia, pero muchos jóvenes seguían dispuestos a luchar y quizás a compartir la gloria que Napoleón pudiera alcanzar. La antigua infraestructura militar creada por Napoleón seguía intacta y los oficiales estaban listos para unirse a la campaña. Una tarea importante era reconstituir la Guardia Imperial. Estos eran los mejores soldados de la Grande Armée y serían necesarios en las batallas que se avecinaban. Como tantos veteranos, los guardias volvieron al servicio.

Una combinación de entusiasmo, lealtad y reconocimiento del peligro inminente ayudó a reunir una fuerza significativa. Aunque Napoleón no pudo reunir un ejército comparable al que tuvo para la campaña de Austerlitz o la ofensiva rusa, reunió cerca de 200.000 soldados. Los nuevos reclutas fueron rigurosamente entrenados y los veteranos reorientados a la actividad militar. Bonaparte estaba listo para combatir en cuestión de semanas.

<u>Napoleón contra Wellington</u>

Tenía todos los visos de ser un gran combate. Tanto Napoleón como el duque de Wellington habían logrado importantes victorias y ninguno temía al otro. Sería el campeón francés contra el campeón británico; solo uno podía ganar.

La Séptima Coalición comenzó a organizar sus ejércitos y a preparar una estrategia para derrotar a Napoleón. Al duque de Wellington, que se encontraba en Viena asistiendo al Congreso de Viena, se le asignó el mando de una fuerza de la coalición que se estaba formando en lo que hoy es Bélgica. Abandonó inmediatamente el congreso y se dirigió a

Bruselas para asumir el mando. Una vez allí, Wellington coordinó su actividad con el otro comandante principal de la coalición, el mariscal Gebhard Leberecht von Blücher, para la campaña que se avecinaba.

La coordinación y la planificación logística requirieron hábiles comunicaciones diplomáticas. Wellington mantuvo una buena relación con todas las fuerzas de la coalición. Al igual que Dwight D. Eisenhower en la preparación del Día D, Wellington demostró ser tan diplomático como general. Eso fue fundamental porque las disputas internas y los malentendidos habían arruinado los anteriores esfuerzos de la coalición para derrotar a Napoleón. Se decidió que los ejércitos británico y prusiano defenderían los Países Bajos. Una vez que los austriacos y los rusos estuvieran listos, esos dos ejércitos se acercarían a Francia desde el este.

Napoleón sabía que si llevaba a cabo una campaña defensiva, se repetiría lo de 1814. No quería que eso ocurriera, y el ataque preventivo que decidió ejecutar le permitiría derrotar a un ejército de la coalición y luego girar y derrotar al siguiente. Esta estrategia había funcionado antes, y el emperador francés creía que podría obligar a la Séptima Coalición a entablar conversaciones de paz si les vencía en el campo de batalla.

Golpear al ejército de la coalición en Bélgica tenía mucho sentido. Los británicos y los prusianos estaban dispersos y tendrían que luchar para organizarse como una fuerza unificada. Los británicos no disponían de las mejores tropas, ya que los veteranos de la guerra Peninsular estaban en Norteamérica, luchando en la guerra de 1812 con los estadounidenses.

Napoleón dividió sus fuerzas en tres ejércitos. Uno se estacionó en el sur de Francia, cerca de los Alpes, para detener cualquier avance austriaco desde Italia. Otro se situó en la frontera con Prusia para resistir los ataques procedentes del este. Napoleón dirigió personalmente el último grupo, el Armée du Nord (Ejército del Norte), hacia los Países Bajos para enfrentarse a Wellington y Blücher. Napoleón movió el Ejército del Norte, que contaba con 128.000 hombres, en relativo secreto y cruzó a los Países Bajos en Thuin, cerca de Charleroi, el 15 de junio de 1815, y cogió desprevenido al ejército prusiano.

<u>Choque de ejércitos</u>

Al anochecer del 15 de junio, los franceses habían ocupado Charleroi y se habían desplazado hacia el norte, creando efectivamente una cuña entre los prusianos y los británicos. Napoleón volvió su atención hacia los prusianos y, el 16 de junio, se enfrentó a ellos en una batalla en Ligny. Allí, los prusianos fueron flanqueados con éxito y obligados a retirarse.

Mientras Napoleón se ocupaba de los prusianos, el ala izquierda francesa, al mando del mariscal Ney, se enfrentó a Wellington en Quatre Bras. Wellington pudo tomar una posición más fuerte, pero Ney consiguió evitar que los británicos reforzaran a los prusianos. Aunque los aliados pudieron mantener la comunicación, Wellington no pudo moverse para ayudar a los prusianos. A la inversa, Ney no pudo ayudar a Napoleón a atacar a los prusianos[i].

Wellington decidió que la mejor estrategia era la retirada, por lo que desplazó sus fuerzas hacia el norte. Finalmente se detuvo en un pueblo llamado Waterloo, donde pudo establecer una sólida posición defensiva.

Napoleón siguió la retirada británica. Deseoso de mantener separados a los prusianos y a los británicos, Napoleón ordenó al mariscal Emmanuel de Grouchy que tomara treinta y tres mil hombres y persiguiera a Blücher. Las órdenes de Grouchy en la mañana del 17 de junio eran mantener un estrecho contacto con los prusianos. Más tarde, ese mismo día, llegaron instrucciones más específicas y de Grouchy debía avanzar hacia la ciudad de Wavre. Se esperaba que el mariscal francés mantuviera a los prusianos ocupados y alejados del campo de batalla donde Napoleón se enfrentaría a Wellington.

18 de Junio: El día del destino

Waterloo sería la batalla más importante librada en suelo europeo durante cien años. Napoleón había separado a los prusianos y a los británicos, y si podía evitar que unieran sus fuerzas, había muchas posibilidades de que ganara la siguiente batalla. Wellington tenía una fuerte defensa, pero eso no molestaba a Bonaparte.

Hubo una tormenta la noche anterior a la batalla, lo que hizo que el terreno estuviera húmedo y embarrado. Napoleón esperó a que el terreno se secara para que su artillería fuera más eficaz y sus hombres pudieran moverse con mayor rapidez. También es posible que Napoleón no se encontrara bien. El emperador francés necesitaba descansar antes de mandar ese día. Cualesquiera que fueran las razones, el retraso permitió a Wellington preparar mejor sus defensas y a los

---

[i] Britishbattles.com. (2024, 13 de junio). Batalla de Quatre Bras. Extraído de Britishbattles.com: https://www.britishbattles.com/napoleonic-wars/battle-of-quatre-bras/.

prusianos disponer de más tiempo para avanzar hacia el campo de batalla. Los combates comenzaron a las 11:30 de la mañana[i].

Dos granjas

Había una granja amurallada llamada Hougoumont que se encontraba entre los dos ejércitos. Estaba en el flanco derecho de los británicos y protegía a los soldados de un ataque francés. La batalla comenzó con un ataque francés a esta granja. Hougoumont resistiría siete ataques de la infantería de Napoleón a lo largo del día. Las fuerzas de la coalición pudieron mantener la granja y los ataques contra ella desviaron a los soldados franceses que eran necesarios en otras partes del campo de batalla[ii].

Otra granja, La Haye Sainte, se encontraba en un punto central directamente frente a las principales líneas británicas. Napoleón ordenó un asalto de infantería contra la granja a la 1 de la tarde, pero las fuerzas de la coalición la mantuvieron tenazmente. Una vez más, los franceses gastaron fuerzas considerables para tomar La Haye Sainte. Finalmente cayó a última hora de la tarde, pero los franceses perdieron hombres y tiempo en los asaltos, y no podían permitirse perder ni lo uno ni lo otro[iii].

La carga de Ney

A última hora de la tarde, hacia las 16 horas, el mariscal Ney vio lo que creía que era una retirada británica. El mariscal francés reunió a la caballería para una carga masiva y dirigió a cinco mil hombres en un asalto. Desgraciadamente para Ney, no se trataba de soldados británicos en retirada. Eran hombres heridos que estaban siendo evacuados a la retaguardia. Ney condujo a la caballería hacia las plazas y la artillería británicas. Ney intentó varias veces romper los cuadros, pero no tenía unidades de infantería que los respaldaran, y la mitad de la reserva de caballería francesa se perdió en los esfuerzos de Ney[iv].

---

[i] Lentz, T. (2020, junio). Viñeta nº 35- ¿Cómo consiguió Napoleón perder la batalla de Waterloo? Extraído de Napoleon.org: https://www.napoleon.org/en/history-of-the-two-empires/articles/bullet-point-35-how-did-napoleon-manage-to-lose-the-battle-of-waterloo/.

[ii] Elmer, B. (2024, 13 de junio). La Defensa de Hougoumont. Extraído de Napoleon-series.org:

[iii] Simms, B. (2015, 5 de agosto). Manteniendo la granja en Waterloo. Extraído de Historynet.com: https://www.historynet.com/holding-the-farm-at-waterloo/.

[iv] Haskew, M. (2024, 13 de junio). El mariscal Ney y su mayor error en la batalla de Waterloo. Extraído de Warfarehistorynetwork.com: https://warfarehistorynetwork.com/marshal-ney-and-his-biggest-mistake-at-the-battle-of-waterloo/.

Entran los prusianos

De Grouchy hizo todo lo posible por mantener a los prusianos alejados del campo de batalla de Waterloo, pero como empezó a moverse tarde en la mañana del 17 de junio, los prusianos tenían ventaja. No estaba seguro de hacia dónde se dirigían los prusianos, y en lugar de seguir el consejo de un oficial del estado mayor de seguir el sonido de los cañones, de Grouchy siguió sus órdenes originales de dirigirse hacia Wavre. Se enfrentó a la retaguardia prusiana en esa ciudad, pero el grueso de las tropas prusianas se dirigió directamente a Waterloo.

Los prusianos llegaron al lado oriental del campo de batalla aproximadamente a las 16:30 y comenzaron a enfrentarse al flanco derecho de los franceses. A las 6 de la tarde, la mayor parte del ejército prusiano estaba en el campo de Waterloo y desgastando a los franceses.

El avance de la guardia

Napoleón intentó repetidamente romper las líneas de Wellington, pero no tuvo éxito. El ejército prusiano estaba ahora comprometido y la situación se volvió desesperada para los franceses. Alrededor de las 19:30, Napoleón ordenó a la Guardia Imperial que avanzara, con la esperanza de que este último movimiento rompiera las líneas enemigas.

La Guardia Imperial no pudo abrirse paso a pesar de todos sus esfuerzos. Los británicos resistieron y la Guardia Imperial se vio finalmente obligada a retirarse. Ese fue el punto de inflexión de la batalla. El ejército francés, al ver la retirada de la Guardia Imperial, empezó a entrar en pánico, y los soldados franceses se retiraron de forma desorganizada. Napoleón se dio cuenta de que la batalla estaba perdida y abandonó el campo de batalla alrededor de las 20:30. Su ejército estaba en retirada y necesitaba reorganizar lo que quedaba. Probablemente sabía que todo había terminado para él.

El destino de Napoleón

Napoleón abdicó por segunda vez el 22 de junio de 1815. Quiso pedir asilo en Gran Bretaña, pero fue rechazado inmediatamente en favor de que se le exiliara. Una pregunta interesante es por qué el antiguo emperador no fue ejecutado. Eso habría resuelto la cuestión de qué hacer con él de forma permanente.

La respuesta es compleja y refleja las realidades políticas de la época. Todavía había mucha gente devota de Napoleón y convertirlo en un mártir alteraría la situación política de Europa, que ya era frágil. Además, aunque los monarcas odiaban a Napoleón, no querían sentar un precedente en el que un gobernante depuesto fuera ejecutado. La estabilidad política estaba a la orden del día, y enviar a Napoleón al exilio le apartó de la escena europea y le situó en un lugar donde podía ser vigilado de cerca.

Los días en que Napoleón podía influir en la política europea habían terminado. Fue exiliado a la isla de Santa Elena, una lengua de tierra en el océano Atlántico a mil millas de Europa. Napoleón vivió allí el resto de su vida. Falleció el 5 de mayo de 1821. Existe la leyenda de que el antiguo emperador francés fue envenenado poco a poco durante su exilio, pero hasta el día de hoy no se ha corroborado de qué veneno se trataba ni quién fue el envenenador.

El Segundo Tratado de París se firmó el 20 de noviembre de 1815 (el primero se firmó en 1814) y tenía estipulaciones firmes. Francia tuvo que pagar una indemnización de setecientos millones de francos y sus fronteras quedaron reducidas a las que existían el 1 de enero de 1790. Todo el territorio que había ganado en la Revolución Francesa se perdió. Se exigiría a Francia que cubriera los gastos de cualquier fortificación adicional construida por los países vecinos de la coalición y, para colmo de males, 150.000 tropas extranjeras ocuparían Francia en zonas designadas. Estas permanecerían allí hasta 1818, cuando fueron retiradas. Los aliados querían estabilidad en Europa, y los términos evitarían que Francia se convirtiera en un problema en un futuro previsible.

Un desarrollo interesante del Congreso de Viena fue la Santa Alianza. Esta fue una idea que promovió el zar Alejandro. Su intención era promover los principios cristianos en los asuntos de las naciones. Se formó en París el 26 de septiembre de 1815, mientras finalizaban las negociaciones para el Segundo Tratado de París. Sus principales defensores fueron Alejandro de Rusia, Francisco I de Austria y Federico Guillermo III de Prusia. Lo irónico es que promovían principios cristianos, y una nación era católica romana, otra ortodoxa rusa y otra protestante.

La Santa Alianza era más un ejecutor que un guía moral. Estaba ahí para sostener los nuevos regímenes conservadores, y muchos liberales sospechaban que la alianza se utilizaría para reprimir las tendencias liberales. La Santa Alianza sofocó la disidencia, pero también fue un ejemplo de esfuerzo cooperativo que gradualmente se convirtió en la norma para los países europeos en el siglo XIX[i].

La desaparición del Imperio

Ningún acontecimiento o razón puso fin al imperio de Napoleón. El hombre era un genio militar, pero cometió errores. Algunos fueron fáciles de corregir, pero otros crearon situaciones que a la larga produjeron consecuencias negativas. Dediquemos un momento a examinar algunos de sus pasos en falso más críticos.

- El sistema continental

  Fue un desastre, simple y llanamente. Napoleón quería asfixiar económicamente a Gran Bretaña, pero no se dio cuenta de que el comercio británico era global. Una pérdida de comercio en un país podía compensarse con comercio adicional en las Américas o la India. El capitalismo permitió a Gran Bretaña recuperarse del embargo.

  El Sistema Continental creó dificultades y fomentó el contrabando. Las naciones obligadas a formar parte de él se enfrentaron a un declive económico, y eso incluía a Francia.

  La imagen internacional de Francia también se vio perjudicada. La imposición del Sistema Continental hizo que Napoleón pareciera más autoritario que nunca. Ya no era el gran libertador, sino el opresor ejecutor. La animosidad y el resentimiento causados por el Sistema Continental le perseguirían unos años más tarde.

- La campaña rusa

  Fue la peor decisión militar que tomó Napoleón. La logística por sí sola bastaba para derrotar a cualquier ejército, pero el obstinado ego de Napoleón fue una gran razón de la derrota. Era lo suficientemente inteligente como para saber que los rusos estaban retrocediendo deliberadamente frente a él, atrayendo a la Grande Armée cada vez más profundamente hacia el interior de Rusia. Podría haberse detenido y esperar a que los rusos vinieran hacia él, pero Moscú era un objetivo obsesivo para él. Francia nunca se recuperó totalmente de las pérdidas.

---

[i] Britannica, T. E. (2024, 13 de junio). Santa Alianza. Extraído de Britannica.com: https://www.britannica.com/topic/Holy-Alliance.

- La guerra peninsular

  Fue una herida abierta que desangró el tesoro de Francia. Napoleón tuvo que estacionar miles de tropas en la península ibérica, regimientos que podría haber utilizado en otros lugares. La persistencia británica y los ataques de guerrillas crearon importantes problemas que el emperador francés no pudo resolver.

- El coste de la guerra

  Los franceses estuvieron en guerra casi continuamente durante los primeros quince años del siglo XIX. Supuso una enorme presión para la economía francesa, pero también afectó a los aliados de Francia y a los territorios sometidos. Francia era incapaz de igualar a Gran Bretaña cuando se trataba de recaudar dinero. Napoleón tuvo que depender del aumento de los impuestos, de los tributos del imperio y de los estados satélites, y de las indemnizaciones impuestas a las naciones derrotadas.

- Mala calidad del liderazgo

  Napoleón era un genio militar, pero su estilo de gobierno era más autocrático que igualitario. Era propenso a gobernar por decretos y no por compromisos. Colocar a los miembros de su familia en varios tronos no fue una buena idea. Sus hermanos no eran ni de lejos tan competentes como él. Su sueño de dinastías Bonaparte por toda Europa se derrumbó rápidamente cuando empezó a perder.

- Nacionalismo

  Napoleón difundió los ideales del nacionalismo paralizando viejos imperios. La desaparición del Sacro Imperio Romano Germánico condujo a la creación de la Confederación del Rin, lo que significó que los grandes estados alemanes ocuparon el lugar de las ciudades autónomas. Italia estaba más unificada que nunca; Bonaparte se lleva el mérito por ello.

  Sin embargo, con el nacionalismo llegó la idea de la autodeterminación. Los países comenzaron a volverse contra la dominación francesa y empezaron a surgir movimientos nacionalistas que se resistían a la hegemonía francesa.

- Reformas militares

  Fueron necesarias varias campañas militares desastrosas, pero los enemigos de Napoleón comprendieron finalmente que no podían esperar vencer al emperador francés a menos que se promulgaran serias reformas militares. Prusia y Austria, en particular, introdujeron cambios significativos en la gestión militar. Varias coaliciones intentaron y fracasaron en su intento de vencer a Napoleón, pero la Sexta Coalición finalmente acertó. Los miembros de la alianza dejaron de lado temporalmente sus diferencias y se unieron en un propósito común para derrotar a Francia. La batalla de Leipzig demostró lo que las potencias europeas podían hacer una vez unidas en la consecución de su objetivo.

La era de las guerras napoleónicas había terminado. Aún se librarían conflictos y guerras en el continente europeo, pero estas acciones no implicaban a todas las naciones. Un talante conservador se convirtió en el estado de ánimo dominante y así sería durante varias décadas. La era napoleónica había terminado; comenzaba la era de Metternich.

Conclusión

Las guerras napoleónicas fueron una época de cambios, a menudo acompañados de violencia. Sin embargo, a medida que transcurrían los años, la resistencia de Europa brilló, transformando el continente. Europa emergió como una nueva entidad, alterada para siempre con respecto a su estado anterior a la guerra, testimonio de su capacidad para adaptarse y evolucionar.

La Era de Metternich, encabezada por el influyente príncipe Metternich, fue un importante intento de devolver a Europa a una mentalidad conservadora. Aunque al principio tuvo éxito, las ideas revolucionarias que se habían puesto en práctica a principios del siglo XIX nunca se abandonaron del todo. La importante convulsión que experimentó Europa en 1848 marcó un profundo cambio del conservadurismo al liberalismo, un punto de inflexión en la historia.

Tras las guerras napoleónicas, Europa experimentó un cambio social. Las sociedades europeas, tras haber saboreado un grado de libertad del que habían carecido en el siglo XVIII, no estaban dispuestas a volver al Antiguo Régimen. Europa era ahora un nuevo mundo de naciones, en el que Italia y Alemania ya no eran meras expresiones geográficas. Esta transformación de la sociedad fue un resultado directo de las guerras napoleónicas.

Europa necesitaba pasar por ese periodo de agitación. Algunos cambios eran tan drásticos que la acción militar era la única forma de garantizar que esas innovaciones formaran parte del orden social y político. Millones de personas murieron, pero los cambios se hicieron, y algunas de las reformas, como el Código Napoleónico, siguen siendo influencias significativas.

Las guerras napoleónicas no solo fueron un periodo caótico de cambio, sino también un momento decisivo en la historia europea. La ruptura con la tradición no fue pacífica, pero sí permanente. Hoy en día, el paisaje social, político y geográfico de Europa remonta sus raíces a esa época, testimonio del profundo y duradero impacto de esta era histórica.

Vea más libros escritos por Enthralling History

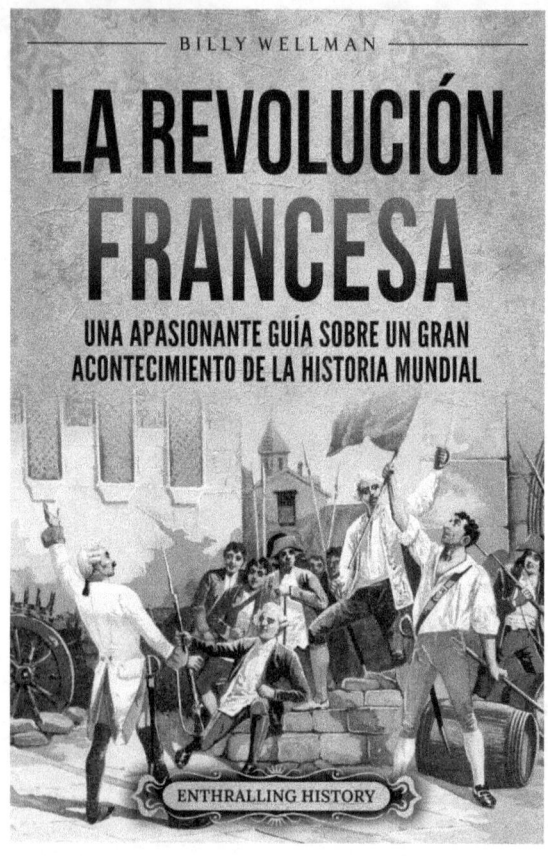

Referencias

Anonymous. (2024, June 8). War of the Fourth Coalition. Retrieved from Resources.saylor.org: https://resources.saylor.org/wwwresources/archived/site/wp-content/uploads/2011/05/War-of-the-Fourth-coalition.pdf.

Bainbridge, S. (2016, June 2). Romanticism and War. Retrieved from Oxford Academic: https://academic.oup.com/edited-volume/43514/chapter/364255284?login=false.

Britannica, E. o. (2024, May 14). Battle of Ulm. Retrieved from Britannica.com: https://www.britannica.com/event/Battle-of-Ulm.

Britannica, E. o. (2024, May 18). Napoleonic Code. Retrieved from Britannica.com: https://www.britannica.com/topic/Napoleonic-Code.

Britannica, E. o. (2024, May 14). Siege of Toulon. Retrieved from Britannica.com: https://www.britannica.com/event/Siege-of-Toulon

Britannica, T. E. (2024, May 24). Banque de France. Retrieved from Britannica.com: https://www.britannica.com/money/Banque-de-France.

Britannica, T. E. (2024, May 14). Battle of Dresden. Retrieved from Britannica.com: https://www.britannica.com/event/Battle-of-Dresden.

Britannica, T. E. (2024, June 12). Congress of Vienna Summary. Retrieved from Britannica.com: https://www.britannica.com/summary/Congress-of-Vienna.

Britannica, T. E. (2024, May 23). Haitian Revolution. Retrieved from Britannica.com: https://www.britannica.com/topic/Haitian-Revolution.

Britannica, T. E. (2024, June 13). Holy Alliance. Retrieved from Britannica.com: https://www.britannica.com/topic/Holy-Alliance.

Britannica, T. E. (2024, May 9). Manuel de Godoy. Retrieved from Britannica.com: https://www.britannica.com/biography/Manuel-de-Godoy#ref112973

Britannica, T. E. (2024, April 30). Peninsular War. Retrieved from Britannica.com: https://www.britannica.com/event/Peninsular-War.

Britannica, T. E. (2024, June 11). Treaty of Schonbrunn. Retrieved from Britannica.com: https://www.britannica.com/event/Treaty-of-Schonbrunn.

Britannica.com. (2024, June 12). Decisions of the Congress. Retrieved from Britannica.com: https://www.britannica.com/event/Congress-of-Vienna/Decisions-of-the-congress.

Britannica.com. (2024, June 4). End of the Holy Roman Empire. Retrieved from Britannica.com: https://www.britannica.com/place/Germany/End-of-the-Holy-Roman-Empire

Britannica.com. (2024, May 28). Great Britan, France, and the Neutrals, 1800-1802. Retrieved from Britannica.com: https://www.britannica.com/event/Napoleonic-Wars/Great-Britain-France-and-the-neutrals-1800-02

Britannica.com. (2024, May 14). The Austrian Attempt at Mediation. Retrieved from Britannica.com: https://www.britannica.com/event/Napoleonic-Wars/The-Austrian-attempt-at-mediation

Britishbattles.com. (2024, June 13). Battle of Quatre Bras. Retrieved from Britishbattles.com: https://www.britishbattles.com/napoleonic-wars/battle-of-quatre-bras/.

Burkholder, S. H. (2024, June 10). Treaty of Fontainebleau (1807). Retrieved from Encyclopedia.com: https://www.encyclopedia.com/humanities/encyclopedias-almanacs-transcripts-and-maps/fontainebleau-treaty-1807.

Cheikh, M. (2020, September 24). Were Metternich's Peace Ouvertures in 1813 Genuine? Retrieved from Thenapoleonicwars.net: https://www.thenapoleonicwars.net/forum/napoleon/were-metternich-s-peace-ouvertures-in-1813-genuine.

Colley, L. J. (2024, June 8). The Napoleonic Wars. Retrieved from Britannica.com: https://www.britannica.com/place/United-Kingdom/The-Napoleonic-Wars.

Collinson, A. (2015, May 11). In Literature and Song: The Legacy of the Napoleonic Wars. Retrieved from Ageofrevolution.org: https://ageofrevolution.org/in-literature-and-song-the-legacy-of-the-napoleonic-wars/.

Coppa, F. J. (2018, May 18). Concordat of 1801. Retrieved from Encyclopedia.com: https://www.encyclopedia.com/philosophy-and-religion/christianity/roman-catholic-and-orthodox-churches-councils-and-treaties/concordat-1801.

DailyHistory.org. (2024, May 26). Why Has the French Civil Code Had a Lasting Influence on Contemporary European Law. Retrieved from DailyHistory.org: https://www.dailyhistory.org/Why_has_the_French_Civil_Code_had_a_lasting_influence_on_contemporary_European_law.

DetailedPedia.com. (2024, June 11). Battle of Smolensk (1812). Retrieved from Detailedpedia.com: https://www.detailedpedia.com/wiki-Battle_of_Smolensk_%281812%29.

DetailedPedia.com. (2024, May 26). Napoleonic Code. Retrieved from DetailedPedia.com: https://www.detailedpedia.com/wiki-Napoleonic_Code.

Editors, H. (2023, April 24). Napoleon Bonaparte. Retrieved from History.com: https://www.history.com/topics/european-history/napoleon.

Elmer, B. (2024, June 13). The Defense of Hougoumont. Retrieved from Napoleon-series.org: https://www.napoleon-series.org/military-info/battles/1815/waterloo/c_hougoumont.html.

Emerson Kent.com. (2024, May 25). Taxation in Pre-Revolutionary France. Retrieved from Emersonkent.com: http://www.emersonkent.com/history_dictionary/taxation_in_pre_revolutionary_france.htm.

Encyclopedia.com. (2018, May 23). Battle of Trafalgar. Retrieved from Encyclopedia.com: https://www.encyclopedia.com/history/modern-europe/wars-and-battles/battle-trafalgar.

Ernest McNeil Eller, R. L. (2024, June 4). Ships of the Line. Retrieved from Britannica.com: https://www.britannica.com/technology/naval-ship/Ship-of-the-line.

Foscolo, U. (2024, June 11). Ugo Foscolo-Opere Omnia. Retrieved from Foscolo.letteraturaoperaomnia.org: https://foscolo.letteraturaoperaomnia.org/foscolo_dei_sepolcri.html.

Franciscogoya.com. (2024, June 10). The Disaster of War, 1810-1820 by Francisco Goya. Retrieved from Franciscogoya.com: https://www.franciscogoya.com/disasters-of-war.jsp.

Frithowulf, H. (2024, February 29). Battle of Wagram: Napoleon's Masterstroke. Retrieved from Malevus.com: https://malevus.com/battle-of-wagram/.

Globallytaught.com. (2024, May 26). Education Systems Around the World: A Look at 4 Top School Systems. Retrieved from Globallytaught.com: https://globallytaught.com/blog/education-systems-around-the-world/.

Godechot, J. (2024, May 13). Charles-Maurice de Talleyrand, Prince de Benevent. Retrieved from Britannica.com: https://www.britannica.com/biography/Charles-Maurice-de-Talleyrand-prince-de-Benevent.

Green, J. (2002, April). Michel Ney's Retreat. Retrieved from Warfarenetwork.com: https://warfarehistorynetwork.com/article/michel-neys-retreat/.

Green, J. (2004, April). Napoleon Bonaparte's "Roland": Marshal Jean Lannes. Retrieved from Warfarehistorynetwork.com: https://warfarehistorynetwork.com/article/napoleon-bonapartes-roland-marshal-jean-lannes/.

Haskew, M. (2024, June 13). Marshal Ney and His Biggest Mistake at the Battle of Waterloo. Retrieved from Warfarehistorynetwork.com: https://warfarehistorynetwork.com/marshal-ney-and-his-biggest-mistake-at-the-battle-of-waterloo/.

Hickman, K. (2015, March 10). Napoleonic Wars: Battle of Aspern-Essling. Retrieved from Thoughtco.com: https://www.thoughtco.com/napoleonic-battle-of-aspern-essling-2361108.

Hickman, K. (2019, September 4). French Revolutionary Wars: Battle of Valmy. Retrieved from ThoughtCo.: https://www.thoughtco.com/french-revolution-battle-of-valmy-2361106.

Hickman, K. (2020, January 2). Napoleonic Wars: Marshall Jean-Baptiste Bernadotte. Retrieved from ThoughtCo.com: https://www.thoughtco.com/napoleonic-wars-marshal-jean-baptiste-bernadotte-2360137.

Hicks, P. (2024, June 4). The Royal Navy, 1793-1802. Retrieved from Napoleon.org: https://www.napoleon.org/en/history-of-the-two-empires/articles/the-british-navy-1793-1802/.

History Skills. (2024, June 10). What Was Napoleon's Revolutionary Continental System and How Did It Shape Modern Europe. Retrieved from Historyskills.com: https://www.historyskills.com/classroom/modern-history/continental-system/.

Historyskills.com. (2024, June 11). Napoleon's Catastrophic Invasion of Russia: A Military Miscalculation of Epic Proportions. Retrieved from Historyskills.com: https://www.historyskills.com/classroom/modern-history/napoleon-s-russian-invasion/.

Jacques Godechot, E. P. (2024, April 30). Arthur Wellesley, 1st Duke of Wellington. Retrieved from Britannica.com: https://www.britannica.com/biography/Arthur-Wellesley-1st-Duke-of-Wellington.

Jensen, N. D. (2024, May 25). Organization of French Revolutionary Armies 1791-1801. Retrieved from French Empire.net: https://www.frenchempire.net/articles/armies/.

Keene, R. (2024, June 10). Napoleon and Goethe: Touchstone of Genius. Retrieved from Thearticle.com: https://www.thearticle.com/napoleon-and-goethe-touchstone-of-genius.

Lee, A. (2018, March 3). Beethoven and Napoleon. Retrieved from Historytoday.com: https://www.historytoday.com/archive/music-time/beethoven-and-napoleon.

Lentz, T. (2020, June). Bullet Point #35- How Did Napoleon Manage to Lose the Battle of Waterloo? Retrieved from Napoleon.org: https://www.napoleon.org/en/history-of-the-two-empires/articles/bullet-point-35-how-did-napoleon-manage-to-lose-the-battle-of-waterloo/.

Lord Byron. The Works of Lord Byron Vol. 2. https://genius.com/Lord-byron-the-works-of-lord-byron-vol-2-to-inez-annotated.

Marino Berengo, C. M. (2024, June 4). Italy-The Napoleonic Empire 1804-14. Retrieved from Britannica.com: https://www.britannica.com/place/Italy/The-acquisition-of-Venetia-and-Rome.

Mark, H. W. (2022, March 7). The Three Estates of Pre-Revolutionary France. Retrieved from World History Encyclopedia: https://www.worldhistory.org/article/1960/the-three-estates-of-pre-revolutionary-france/.

Mark, H. W. (2023, July 24). Battle of Eylau. Retrieved from World History Encyclopedia: https://www.worldhistory.org/article/2258/battle-of-eylau/.

Mark, H. W. (2023, July 25). Battle of Friedland. Retrieved from World History Encyclopedia: https://www.worldhistory.org/article/2259/battle-of-friedland/.

Mark, H. W. (2023, June 19). Battle of Jena-Auerstedt. Retrieved from World History Encyclopedia: https://www.worldhistory.org/article/2256/battle-of-jena-auerstedt/.

Mark, H. W. (2023, August 16). Battle of Wagram. Retrieved from World History: https://www.worldhistory.org/article/2267/battle-of-wagram/.

Mark, H. W. (2023, August 3). Continental System. Retrieved from World History Encyclopedia.com: https://www.worldhistory.org/Continental_System/.

Mark, H. W. (2023, July 6). Coronation of Napoleon I. Retrieved from World History Encyclopedia.com: https://www.worldhistory.org/article/2251/coronation-of-napoleon-i/.

Mark, H. W. (2023, October 3). Hundred Days. Retrieved from World History Encyclopedia: https://www.worldhistory.org/Hundred_Days/

Mark, H. W. (2023, August 7). Peninsular War. Retrieved from World History Encyclopedia: https://www.worldhistory.org/Peninsular_War/.

Mark, H. W. (2023, July 10). Ulm Campaign. Retrieved from World History Encyclopedia: https://www.worldhistory.org/article/2249/ulm-campaign/.

Mark, H. W. (2023, July 28). War of the Fourth Coalition. Retrieved from World History Encyclopedia: https://www.worldhistory.org/War_of_the_Fourth_Coalition/.

Mark, H. W. (2023, September 4). War of the Sixth Coalition. Retrieved from World History Encyclopedia: https://www.worldhistory.org/War_of_the_Sixth_Coalition/.

Mark, H. W. (2023, July 18). War of the Third Coalition. Retrieved from World History Encyclopedia: https://www.worldhistory.org/War_of_the_Third_Coalition/.

Musee Goya Castres. (2024, June 10). Goya-Picasso: A Cross-View. Retrieved from museegoya.fr: https://www.museegoya.fr/en/goya-in-piccaso-s-eye.

Nackaerts, B. (2024, June 13). The Lack of Opposition to the Execution of Marshal Ney. Retrieved from Napoleon-series.org: https://www.napoleon-series.org/research/biographies/c_executeney.html.

Napoleon & Empire. (2024, May 14). Battle of Eylau. Retrieved from Napoleon &Empire.net: https://www.napoleon-empire.net/en/battles/eylau.php.

Napoleonguide.com. (2024, May 25). Lazare Carnot. Retrieved from Napoleonguide.com: https://www.napoleonguide.com/carnot.htm.

Napoleon.org. (2010, March). The Marriage of Napoleon I and Marie-Louise of Austria. Retrieved from Napoleon.org: https://www.napoleon.org/en/history-of-the-two-empires/timelines/the-marriage-of-napoleon-i-and-marie-louise-of-austria/.

Napoleon.org. (2020, December). Napoleon I and His Family. Retrieved from Napoleon.org: https://www.napoleon.org/en/young-historians/napodoc/napoleon-i-and-his-family/.

Napoleon.org. (2024, May 28). Louis-Alexandre Berthier. Retrieved from Napoleon.org: https://www.napoleon.org/en/history-of-the-two-empires/biographies/berthier-louis-alexandre/.

Napoleon.org. (2024, June 11). Napoleon's Russian Campaign: The Retreat. Retrieved from Napoleon.org: https://www.napoleon.org/en/history-of-the-two-empires/timelines/napoleons-russian-campaign-the-retreat/.

Napoleonistyka.atspace.com. (2024, May 28). Russian Army of the Napoleonic Wars. Retrieved from Napoleonistyka.atspace.com: Napoleonistyka.atspace.com.

National Army Museum. (2024, June 10). Peninsular War. Retrieved from Nam.ac.uk: https://www.nam.ac.uk/explore/peninsular-war.

New World Encyclopedia. (2024, June 4). Battle of Austerlitz. Retrieved from New World Encyclopedia.org: https://www.newworldencyclopedia.org/entry/Battle_of_Austerlitz.

New World Encyclopedia. (2024, June 11). French Invasion of Russia. Retrieved from New World Encyclopedia.com: https://www.newworldencyclopedia.org/entry/French_invasion_of_Russia#Retreat_and_losses.

Pisa, J. d. (2011, October 5). Napoleon's Nightmare: Guerilla Warfare in Spain (1808-1814). Retrieved from Smallwarsjournal.com: https://smallwarsjournal.com/jrnl/art/napoleon%c2%b4s-nightmare-guerrilla-warfare-in-spain-1808-1814.

Pock, T. (2024, June 4). Battles of Cape St. Vincent and the Nile. Retrieved from Britannica.com: https://www.britannica.com/biography/Horatio-Nelson/Battles-of-Cape-St-Vincent-and-the-Nile.

Pocock, T. (2024, June 4). Horatio Nelson at Trafalgar. Retrieved from Britannica.com: https://www.britannica.com/biography/Horatio-Nelson/Victory-at-Trafalgar.

Powerplace.org. (2023, July 28). Top 51 Timeless Sun Tzu Quotes: Mastering Strategy and Leadership. Retrieved from Powerplace.org: https://powerplace.org/blogs/quotes/mastering-strategy-and-leadership-unveiling-51-timeless-sun-tzu-quotes.

Royal Navy. (2024, June 4). Trafalgar Day. Retrieved from Royalnavy.mod.uk: https://www.royalnavy.mod.uk/news-and-latest-activity/events/national/171021-trafalgar-day.

Savoie, P. (2024, May 26). Lycée. Retrieved from Faqs.org: http://www.faqs.org/childhood/Ke-Me/Lyc-e.html.

Schneid, F. C. (2024, June 12). Congress of Vienna. Retrieved from Encyclopedia.com: https://www.encyclopedia.com/history/encyclopedias-almanacs-transcripts-and-maps/congress-vienna.

Setterfield, R. (2019, November 18). Horatio Nelson: From Frail Boy to National Hero. Retrieved from Onthisday.com: https://www.onthisday.com/articles/horatio-nelson-from-frail-boy-to-national-hero.

Simms, B. (2015, August 5). Holding the Farm at Waterloo. Retrieved from Historynet.com: https://www.historynet.com/holding-the-farm-at-waterloo/.

Sparknotes.com. (2024, May 25). The French Revolution (1789-1799). Retrieved from Sparknotes.com: https://www.sparknotes.com/history/european/frenchrev/section1/.

The Clark. (2024, June 10). David & Napoleon. Retrieved from Clarkart.edu: https://www.clarkart.edu/microsites/jacques-louis-david/david-napoleon.

The Open University. (2024, June 10). 3 Gros and the Napoleonic Propaganda Machine. Retrieved from Open.edu: https://www.open.edu/openlearn/history-the-arts/history-art/napoleonic-paintings/content-section-3.1.

Thenapoleonicwars.net. (2024, June 11). Napoleon's Invasion of Russia. Retrieved from Thenapoleonicwars.net: https://www.thenapoleonicwars.net/invasion-of-russia.

Wesson, M. J. (2024, May 28). The Development of the Corps d'armée and Its Impact on Napoleonic Warfare. Retrieved from The Napoleon Series: https://www.napoleon-series.org/military-info/organization/c_armycorps.html.

Williamson, M. (2016, August 5). French Napoleonic Artillery in Action. Retrieved from Weapons and Warfare: https://weaponsandwarfare.com/2016/08/06/french-napoleonic-artillery-in-action/.

Wordsworth, W. (2024, June 19). Elegias Stanzas Suggested by a Picture of Peele Castle in a Storm, Painted by Sir George Beaumont. Retrieved from Poetryfoundation.org: https://www.poetryfoundation.org/poems/45516/elegiac-stanzas-suggested-by-a-picture-of-peele-castle-in-a-storm-painted-by-sir-george-beaumont.

Fuentes de imágenes

1 https://commons.wikimedia.org/wiki/File:Vig%C3%A9e-Lebrun,_Elisabeth-Louise_-_Charles-Alexandre_de_Calonne_(1734-1802)_-_Google_Art_Project.jpg
2 https://commons.wikimedia.org/wiki/File:Valmy_Battle_painting.jpg
3 https://commons.wikimedia.org/wiki/File:13Vend%C3%A9miaire.jpg
4 https://commons.wikimedia.org/wiki/File:Pappenheim_Curassiers.PNG
5 https://commons.wikimedia.org/wiki/File:David_-_Napoleon_crossing_the_Alps_-_Malmaison2.jpg
6 https://commons.wikimedia.org/wiki/File:Murat2.jpg
7 Clem le Nem, CC0, vía Wikimedia Commons; https://commons.wikimedia.org/wiki/File:France_September_1812_prussia_occupied2.png
8 https://commons.wikimedia.org/wiki/File:Jacques-Louis_David_-_The_Emperor_Napoleon_in_His_Study_at_the_Tuileries_-_Google_Art_Project.jpg
9 https://commons.wikimedia.org/wiki/File:Boutigny-Surrender_at_Ulm.jpg
10 https://commons.wikimedia.org/wiki/File:HoratioNelson1.jpg
11 https://commons.wikimedia.org/wiki/File:Treaties_of_Tilsit_miniature_(Francia,_1810s)_lado_A.jpg
12 https://commons.wikimedia.org/wiki/File:Manuel_de_Godoy,_por_Francisco_Bayeu_(Real_Academia_de_Bellas_Artes_de_San_Fernando).jpg
13 https://commons.wikimedia.org/wiki/File:Joseph-Bonaparte.jpg
14 https://commons.wikimedia.org/wiki/File:Sir_Arthur_Wellesley,_1st_Duke_of_Wellington.png

15 https://commons.wikimedia.org/wiki/File:Eroica_Beethoven_title.jpg

16 https://commons.wikimedia.org/wiki/File:Jacques-Louis_David_-_The_Coronation_of_Napoleon_(1805-1807).jpg

17 https://commons.wikimedia.org/wiki/File:El_dos_de_mayo_de_1808_en_Madrid.jpg

18 https://commons.wikimedia.org/wiki/File:Prado_-_Los_Desastres_de_la_Guerra_-_No._03_-_Lo_mismo.jpg

19 https://commons.wikimedia.org/wiki/File:Marie_Louise_von_%C3%96sterreich_Napoleon_Zweite.jpg

20 https://commons.wikimedia.org/wiki/File:Battle_of_Borodino_1812.png

21 https://commons.wikimedia.org/wiki/File:Night_Bivouac_of_Great_Army.jpg

22 https://commons.wikimedia.org/wiki/File:Carl_XIV_John_of_Sweden_%26_Norway_c_1840.jpg

23 https://commons.wikimedia.org/wiki/File:MoshkovVI_SrazhLeypcigomGRM.jpg

www.ingramcontent.com/pod-product-compliance
Lightning Source LLC
Chambersburg PA
CBHW070334010526
44107CB00004B/503